解決志向ブリーフセラピー

〈森・黒沢のワークショップで学ぶ〉

森　俊夫
黒沢　幸子

ほんの森出版

装画　中林ちづ子

はじめに

ここにテンコ盛りにされているのは、平成一一年八月に、東京・吉祥寺にて二日間にわたって行われたＫＩＤＳ（Kichijoji Institute of Development Services）主催の夏期集中研修「解決志向ブリーフセラピー初級」の内容をもとに、今回新たに加筆・構成したものです。教育・医学・心理社会的援助職に就いておられる先生方、およびこれからそれらの専門職に就こうと思って勉強している大学院生たちの多くは、援助の基本となる「マニュアル」を渇望されています。

私たちは、平成一〇年から本格的に一緒に仕事をするようになって、こうした多くの方々のニーズになんとかお応えできないものかと考え、今まで多くの（ＫＩＤＳにおけるものだけでも年間一五本はあります）研修を持たせていただきました。心理療法やカウンセリングといっても、多くの流派・アプローチが存在しますが、その中でも何を提供することが最も皆さまのお役に立てるのだろうかと考えたとき、私たちは躊躇なく解決志向ブリーフセラピー（Solution-Focused Approach　ＳＦＡ）を選んだのです。

その理由はいろいろありますが、一つ目として、それが私たちの実践に（同じではないが）きわめて近いということ。そして、このアプローチが最もシンプルで学習しやすく、臨床心理学の「小難しい」基礎知識がまったく不要である（**黒沢、突如乱入**：マァ、「小難しい」だなんて、私のように純情な人間には言えない台詞ね。「裾野が広い」とか、せいぜい「難解な」でしょ？　それから「観念的な」とか、「独善的な」とか……アレッ？）ことが二つ目。だから、臨床心理学の専門家（あるいはそれをめざす人）だけでなく、幅広く対人援助サービス職に就いておられるすべての方に有効であること。しかも、その単純さのわりには、かなりの、そしてすみやかな効果が期待できることが三つ目。おまけに、このマニュアルに基づいてやった場合のいわゆる（クライエントたちへの）「副作用」が非常に少ないこと、これが四つ目。

要するに、簡単で、効果・効率的で、安全で、これでやれば私たちとほとんど同じにできる（え？　だれもそんなことは望んでないって？　めざすはもっと優れた臨床家？……失礼しました）という、とてもおいしいマニュアルだからです。

ただ、いくらこれが「副作用」の少ないマニュアルだからといって、やはりマニュアルの持つ弊害というのはあります。それはおそらく、マニュアルにがんじがらめになり、自由さや臨機応変さ、あるいは自分らしさを失ってしまったときに最も強く出てくるでしょう。

すなわち「マニュアル・センタード（中心）」になってしまったときです。

大事なことは、いつの時代でも「クライエント・センタード」です。そして、特に「第Ⅰ部　解決志向ブリーフセラピーの基本的な考え方・哲学」の部分で述べられていることが重要なのであって、いわゆる「マニュアル」部分の第Ⅱ部は、身についた後にはすみやかに破棄されてもいいくらいです。単にマニュアルだけをなぞっているのは、「仏作って、魂入れず」であって、やはり大事なのは「魂」でしょう。

（**再び黒沢乱入**：私は恩師・霜山徳爾先生から、「心理臨床にマニュアルはない」と教わりました。「魂」を忘れることの弊害を常に戒められており、また「目の前の患者さんから虚心に学びなさい」、「自分の心理療法のスタイルをつくりなさい」と叱咤激励されたものです。この厳しい指導は、今も私の支えになっています。**森**：「私だってミルトン・エリクソンからそう教えられたも～ん」。**黒沢**：「何言ってんの。森さんがエリクソンを知ったとき、彼はもう亡くなっていたじゃない。それを、いつも会ってきたように言うんだから、本当にもう！」と長いツッコミ）。

……オホン、ええ、さて、もうひとつお断りしておかなくてはならないことがあります。ここで紹介しているマニュアルは、アメリカ・ミルウォーキーのＢＦＴＣ（Brief Family Therapy Center）において開発されたものですが、私たちはそれを本家本元に出向いて、直接彼らから体系的に教わったわけではないのです。いろんなところで、いろんな人たち（その中にはもちろん本家本元のスティーブやインスーも含まれていますが）から見聞きしたことを、自分たちの実践に照らし合わせつつ、自分たちなりに理解してきたわけです。私たちの理解は、本家本元の考えとそんなには大きくズレていないと思いますが、それでもズレはきっとあります。そのあたりが気になる方は、彼ら自身が書いたものや、あるいは直接彼らにあたってみられる（幸い、彼らは毎年のように日本に来てくれています）ことをお勧めします。

ここには私たち自身の考えや方法が、ふんだんに盛り込まれています。私たちが研修会をやるときは、原本を忠実に翻訳して伝えることよりも、私たち自身の感覚に忠実であること、そして日本の援助者の方々に明日から使えるものを提供することのほうを優先させています。したがって、もしかしたら、本家本元のものとここで述べられているものは別物だと考えられたほうが、場合によってはいいのかもしれません。

もうひとつ注意点。ここには「ＳＦＡ（Solution-Focused Approach）」という言葉と、「解決志向ブリーフセラピー」、そして「ブリーフセラピー」という言葉が混在して出てきます。読者の方々はもしかしたら少々混乱されるかもしれませんが、いちおう私たちとしては使い分けているつもりです。「ＳＦＡ」が最も狭い概念、それを取り囲むように「解決志向ブリーフセラピー」があって、もっとずっと広い概念として「ブリーフセラピー」があると理解していただければけっこうです。

お待たせしました。では、いよいよ開演です。この二日間の研修の内容が、皆さまの「明日から」の援助実践に少しでもお役に立つことを祈りつつ、幕を開けましょう……。

平成一四年一月

森　俊夫
黒沢　幸子

『〈森・黒沢のワークショップで学ぶ〉解決志向ブリーフセラピー』もくじ

第Ⅱ部　解決志向ブリーフセラピーの面接マニュアル〈五つのステップ〉

Prologue

解決志向ブリーフセラピーの世界へようこそ！

解決志向ブリーフセラピーは最先端のアプローチ

［森］　これから二日間、ブリーフセラピーの話をしていくわけですが、ひと口にブリーフセラピーといっても、実はいくつかのアプローチ・モデルがあります。ここでお話ししていくのは、その中でも「解決志向ブリーフセラピー」といって、これはブリーフセラピーの中でも最先端のアプローチです。ということは、心理療法全体の中でも最先端のアプローチだと言えるでしょう。

ここでご紹介する「解決志向ブリーフセラピー」は、ソリューション・フォーカスト・アプローチ（Solution-Focused　Approach）と言いまして、直訳すると「解決に焦点を当てるアプローチ」です。略してＳＦＡ。

ＳＦＡは、アメリカのミシガン湖のほとりの街、ミルウォーキーにあるＢＦＴＣ（Brief Family Therapy Center　直訳すると短期家族療法センター）で提唱され発展してきた心理療法モデルです。

ＢＦＴＣは、一九七八年に、スティーブ・ディ・シェイザー（Steve de Shazer）とインスー・キム・バーグ（Insoo　Kim　Berg）（このお二人は夫婦です）の二人が中心メンバーになって開設され、スコット・Ｄ・ミラー（Scott D. Miller）が途中から参加しました。開設当初、ＳＦＡはまだきちんとできあがっていませんでした。臨床活動を続ける中で、一九八〇年を過ぎてから徐々に様々な概念が提唱され始め、モデルの全体像が見えてきたのは一九八〇年代の末です。そしてこのモデルは、今なお進化の途上にあります。

ここでご紹介していくのは、一九九〇年代前半のバージョンで、旧バージョンと言ってもいいかもしれません。だったら最新バージョンを教えてくれという声も聞こえてきそうですが、基本はこのあたりにあると私は思ってますので、まず基本を押さえ、そのうえでその先の進化を勉強されたほうがいいだろう、と私は思っています。

【黒沢】もう、森さんはすぐもったいぶるんだから。ちょこっとお教えしますネ。最近のバージョンでは、「ソリューション・トーク」という「解決に向けて、いかに有効な質問をするか」というところに焦点を当て、モデルをもっとシンプルにしています。第Ⅱ部で紹介しているステップで言えば、〈ステップ３〉を中心にして発展させているのです。

それともうひとつ大事なことを先にお話ししておきます。解決志向ブリーフセラピーでいう「解決」とは「問題解決」のことではありません。「ええっ？　問題解決のことじゃないとなると何なの？」と思われるでしょうが、ここで言う解決とは、「新しく何かが構築されること」なのです。「より良き未来の状態を手に入れること」と言ったほうが正確かもしれません。より良き未来の状態が手に入った場合には、たいてい問題も解決しているでしょう。いずれにせよ、Problem solving（問題解決）ではなくて、Solution building（解決の構築）なのです。

「はあ？　何、言ってるの？」と、今の時点ではチンプンカンプンかもしれません。このへんのニュアンスはわかりづらいでしょうが、ここが解決志向ブリーフセラピーのポイントでもあります。ていねいに解説していきますので、話を聞いていくうちに、だんだんとはっきりしてくるでしょう。

それぞれ異なるBFTCの三人のキャラクター

［森］　ここでもう少し、SFAの成り立ちの話をしましょう。
SFAは、先ほど申し上げました三人が中心となって実践・経験を積んでいく中から生み出されてきたものです。つまり彼らのオリジナル作品であって、何か他の理論やモデルの発展形ではありません。ただ、あえて言えば、ほかのブリーフセラピーもそうですが、その源流にはミルトン・H・エリクソン（Milton H. Erickson）という精神科医がいます。

［黒沢］　エリクソンと言ってもアイデンティティの理論を確立したあのエリク・H・エリクソン（Erik H. Erikson）ではありません。日本の心理臨床の方は、エリクソンと言えばエリク・H・エリクソンを思い浮かべられると思いますが、別人です。そもそもスペルが違っていて、こちらはCの入っているエリクソンです。

［森］　ディ・シェイザーは、ミルトン・H・エリクソンのところである時期、主に催眠を学んでいた人なのですが、彼はエリクソンの臨床にふれ、そこからある側面を取り出し、そして拡大していったのです。拡大していく段階で、エリクソンから離れていった部分もありますが、源流としてはエリクソンです。

どこを取り出し、拡大していったのかというと、それは「未来に焦点を当てる」という側面でした。

催眠療法で伝統的にわりとよく行われるのは「時間退行」という方法です。ある年齢、たとえばトラウマがあった年齢に時間を戻して、そのときのことを再体験してもらいながら問題の処理をしていくという方法です。もちろんエリクソンにもそういう「時間退行」を用いている治療例はありますが、同時に彼は「時間を先に飛ばすやり方」もやっていたのです。

催眠下で、「水晶球が浮かんでいる」と幻の水晶球を見てもらって、「水晶球の中に、三か月後のあなたが映っています。あなた、何をしてますか」とやるわけです。催眠から覚醒させた後、見たものは全部忘れてもらう。健忘させて、診察室を出ていってもらう。すると、水晶球の中に見た、解決した自分、治った自分の姿とほとんど寸分違わぬ現実が現れてくる。これは、エリクソンが一九五四年に書いた論文の中で紹介している治療法です。

ディ・シェイザーは、このことに非常に強い関心を持ちました。そして、催眠を使わなくても、普通の意識状態でも同じような効果が出せるんじゃないかと考え始めたのです。それで、先ほど紹介したＢＦＴＣの中で、いろいろ試していったのです。

［黒沢］　ところでＢＦＴＣの中心メンバーの三人、スティーブ・ディ・シェイザー、インスー・キム・バーグ、スコット・Ｄ・ミラーのキャラクターは、それぞれまったく違っていて面白いんですよ。

スティーブ・ディ・シェイザーは、哲学者みたいな風貌の方です。もうおじいちゃんですけど。最近はお坊さんのような坊主刈りにしていて、そして東洋趣味の強い方ですね。シャイな方で、面接中もクライエントのほうをあまり見ないで、天井とか向いてボソボソってしゃべっているような方です。まあ、一見して「奇才」ですね。

インスー・キム・バーグは普通のおばちゃんみたいな方です。小柄で、眼鏡をかけてて、白髪のかわいいおばちゃんです。私の親戚のおばちゃんにそっくりで、そのへんを買い物かごぶら下げて歩いてても何の違和感もない感じの人です。でも、彼女のワークショップに出るとわかりますが、ものすごくエネルギッシュで、話も表情も豊かだし、包み込むような優しさを感じる、とても魅力的な方です。

スコット・D・ミラーは、優秀なビジネスマンという感じの人です。アタッシュケースからパソコン取り出して、カチャカチャとキーボードを打って、プロジェクター画面に資料を映し出しながらプレゼンテーションしてくれます。スコットは、今はＢＦＴＣから離れて独立し、自分でオフィスを開設しています。

［**森**］　こんなふうにキャラクターの異なる三人が、たとえば拒食症のケースを扱ったとして、やり方は違うのに、三人ともうまくいったとする。何が良かったのだろう？　共通している部分は何だろう？　何が効果的なのか？　何が効率的なのか？　つまり、「解決に行き着くまでに、どういうやり方が最も効率的なのか」ということをディスカッションしていく中で、ＳＦＡの体系がつくられていったのです。

だから理屈が先にあったわけではなく、やってみて、うまくいったことを、どんどん取り入れて、そしてそれをモデルにしていったというわけです。

SFAはコンピューターでいうとウィンドウズ

［森］　SFAは、面接をどのように進めていけばよいのかについて、それをいわばマニュアル化しました。第Ⅱ部でそのマニュアルをご紹介しますが、ただ、その基本にある考え方を理解していないと、仮にマニュアルどおりにやったとしても、ちっともうまくいかないと思います。「スタンス」や「姿勢」と言ってもいいでしょう。スタンスがきちっと固まっていないと、うまくマニュアルが使いこなせません。ですから、まず第Ⅰ部では、SFAの基本にある考え方をていねいに解説していきましょう。

SFAには、従来の臨床心理学で使われていた心理学用語はほとんど出てきません。ですから、「私は今まで心理学をそれほど勉強したことがない。しかも最先端の心理療法だという。そんなものに私はついていけるのか」というご心配はまったく不要です。逆に、今までの臨床心理学の考え方を叩き込まれている方にとっては、あまりに今まで学んできたことと違うことが出てくるのでとまどわれるかもしれません。今まで持っていたものの見方・考え方、哲学を変更するのは難しいことです。しかしそこがすごく大事なのです。今までの哲学のままでSFAのマニュアルを動かそうとしたら、たぶん動かなくなります。あるいは、動いたとしても、うまくいかないでしょう。

逆に言えば、ここで言うスタンスがきちっとできていれば、マニュアルなど知らなくても面接はうまくいくのです。マニュアルを学ぶ意味は、それを実践していく中で、その根底にある哲学を自分のものにしていくことにあります。そして、「その哲学はもう身についた」と感じたならば、マニュアルはすみやかに破棄するのです。それ以上マニュアルにこだわっていたら、たぶんスキルは上達しないでしょう。最初はマニュアルを紙切れに書いて机の上にでも置いておき、それをチラチラと見ながら面接するのは、私はけっこういいやり方だと思います。しかし、ある程度、哲学のほうが身についてきたら、その紙切れはごみ箱に捨てるといいでしょう。

私が面接をするとき、ＳＦＡのマニュアルどおりにやることは全体の三割にも満たないでしょう。私は、私の勝手なやり方でやっています。でも、根底にある考え方は、解決志向ブリーフセラピーのそれなのです。

私は内観療法もけっこう好きです。内観療法というのは、お寺みたいなところに籠もって、一週間、ジーッと一人で屏風に向かいながら、「お父さまやお母さまにしていただいたこと」「お父さまやお母さまにご迷惑をかけたこと」「お父さまやお母さまにしてさしあげたこと」、この三つを幼少期からズーッと検《しら》べていくというやり方です。これは「未来志向」と正反対のものに見えますが、私はこれだって使います。ただ「解決志向」的に使うのです。

ほかの心理療法の中にも様々な技法があります。それだってどんどん使っていけばいいのです。

これは岩手県立大学の遠山宜哉先生がおっしゃったことですが、ＳＦＡというのはコンピューターでいうとオペレーションシステム（ＯＳ）、たとえばウィンドウズみたいなものだと。電源を入れると、まずウィンドウズが立ち上がる。そこには様々なソフトが組み込まれている。それをウィンドウズの世界の中で様々に駆使していくのだと。

［黒沢］　今、森先生は、「臨床心理学の考え方を叩き込まれている方にとっては、SFAを学ぶのは難しい」などと挑戦的な言い方をされましたが、ちなみに私は心理学科出身で、臨床心理士という肩書きを早い時期にいただいた口です。私はオーソドックスな心理療法はひととおり学びました。ゲシュタルト療法や交流分析もやりますし、アートセラピーも大好きです。しかし今思うと、私はそれを解決志向ブリーフセラピー的な発想でやってきたと思います。私にとっては、解決志向ブリーフセラピーに出会ったことによって、今までやってきたことがコペルニクス的に転回したというわけでもありませんでした。

多くのクライエントを援助してきて、すごくうまくいったり、役に立てたということがあります。それらの中には、従来の臨床心理学では理屈のつかないものがいくつもありました。だから学会発表できないんですね。「何であのときうまくいったんだろう」「どうして役に立てたんだろう」と考えていったときに、そのかかわりの基本が解決志向ブリーフセラピーのものの見方・考え方と一致していることを知ったのです。

森先生の挑戦的な言葉を聞いて、どんな哲学が飛び出してくるんだろうと不安に感じている方がいらっしゃるかもしれません。でも、今まで私たちのワークショップに参加された先生方の中に、「私、目の前に次々と起こることを必死にこなし、私の中のことを総動員して、どうにかやってきました。しかし、現場の忙しさに紛れて勉強不足なために、そんな自分なりのやり方でいいのかどうか不安でした。でも、解決志向ブリーフセラピーの哲学にふれ、安心しました。私はこれでよかったんだって自信が湧いてきました」と感想を述べられた方が実にたくさんいるのです。

私の場合も、解決志向ブリーフセラピーの考え方に出会って、今まで例外的にうまくいっていたと思っていたことが、実は本来の姿だったのかもしれないと思うようになりました。自分の持ち味が広がったという印象でしたね。

ところで、これからの話の中で、「クライエント」や「患者さん」、「治療」といった言葉がたくさん出てくるでしょう。私は心理臨床系ですし、森先生は基本的に医学系ですので、普段からそのような言葉を使います。教育職関係の先生でしたら、「自分たちの仕事は治療が目的ではない」と感じる方もいらっしゃるでしょうが、ここで言う「治療」という言葉のかなり多くは、先生方にとっての「教育」という言葉に置き換えられると思います。「クライエント」や「患者さん」は、「子どもたち」とか「保護者」とか、ご自分が援助対象としている人と置き換えて考えていただいてまったくさしつかえないと思います。

前置きはここまでです。さあ、具体的に解決志向ブリーフセラピーの世界へ入っていきましょう！

第Ⅰ部

解決志向ブリーフセラピーの基本的な考え方・哲学

中心哲学――三つのルール

［森］　まずは中心哲学をご紹介しましょう。中心哲学は、次の三つのルールから成っています。

＜ルール１＞もしうまくいっているのなら、変えようとするな。

＜ルール２＞もし一度やって、うまくいったのなら、またそれをせよ。

＜ルール３＞もしうまくいっていないのであれば、（何でもいいから）違うことをせよ。

簡単でしょ？　「中心哲学」というから、どんな難しいことが出てくるかと思いましたでしょう？

さて、これは「中心哲学」ですから、これらのルールはすべてのことに対して適用されます。クライエントと会っているときでも、スーパービジョンをしているときでも、理論の構築や研究をしているときでも。そして、普段の人間関係を結んでいるときでも、全部です。だから人生を幸せに生きるための三つのコツと言ってもいいくらいです。

この三つのルールは自明の理だとは思いますが、人々はしばしばこのルールに背いて動くものです。何か問題が起こっているときというのは、この三つのルールのどれかに反しているときだとも言えるでしょう。たとえば、ワークショップや研修会に出たり、様々な本を読んで、いろいろな人からありがたいお言葉をいただき、「そうか、今までの自分のやり方は違うんだ」と思って、今までうまくいっていた部分まで変えてしまい、その結果、実践がガタガタになってしまったという経験をお持ちの方もいらっしゃると思います。もちろん、このワークショップもそうしたものの一つですから、ここでの話を聞いて「なるほど」と思って、今までうまくいっていたことまで変えてしまうとドツボにはまってしまうかもしれませんよ。（笑い）

こんなふうに〈ルール1〉に背くことはよくあることです。

また、〈ルール2〉に背くことも、しばしばあるでしょう。うまくいったのに、それを繰り返してみることをしない。なぜそうなるのでしょうか？　うまくいったこと自体に気づいていない場合があるでしょう。うまくいったことは覚えているけれども、それを再現できないということもあるでしょう。あるいは、それは理屈に合わない方法だと捨ててしまうこともあるかもしれません。もったいないですね。せっかくうまくいったのに。

〈ルール3〉の「もしうまくいっていないのであれば、（何でもいいから）違うことをせよ」からも、人はしばしば外れます。うまくいってないにもかかわらず、いつもいつも同じことをやって、そしてまた失敗する。これではだめだということがわかっているのに、違うことをしない。こういうことも間々あります。

［黒沢］〈ルール3〉の違反、生徒への指導がうまく入らない学校の先生の場合に多いのではないかと思います。このやり方ではもう生徒は言うことをきかないとよくわかっているのに、同じやり方でやってしまう。何でもいいから、ちょっと違う対応をしてみたらどうかと思うのですが、ワンパターンのやり方でしかやらない先生がいらっしゃいます。

臨床心理の人にもいます。自分が学んだある種のやり方、それが何派であれ、何技法であれ、そのクライエントには合っていないのか、あるいはタイミングが悪いのか、うまくいかないことがあります。「私の力量不足だ、勉強不足だ」と反省してスーパーバイザーのところに行って改善を試みようとする人はまだいいのですが、「クライエントの病理が深いからうまくいかないんだ」と、クライエントのせいにしてしまう人が中にはいます。うまくいかないのであれば、何か違ったやり方を試してみればいいのにね。

専門的な教育を受けていたり、専門的な立場であるという自覚があればあるほど、自分のやり方をなかなか変えることができないものです。でも、私たちはクライエントに「役に立つこと」を求めなくてはいけないはずです。その意味で、私は＜ルール３＞はいつも考えさせられます。

［森］　＜ルール３＞違反をする理由はいくつかあると思いますが、まず一つ目は、教条主義的になっている場合でしょう。「こうするものだ」とある一つの理論を信奉し、うまくいってないのは、その理論がまちがっているからではなく、自分がまだちゃんと実践できていないからだと考え、逆にますますその中にのめり込んでいく。こんな場合があります。

二つ目は、変えなくてはいけないなとわかっていながら、どうすればいいかが見えていない場合。そういう場合、人は「より適切な」方法を求めてしまっているんですね。でも「より適切な」方法とは何か？　というのは、これは確かに難しい問いです。だから私は、＜ルール３＞に（何でもいいから）というカッコ書きを加えたのです。それが「より適切」かどうかはわからないけど、少なくとも今までのやり方はだめなのだから、「何でもいいから」違うことをやってみよう。百発撃てば一発ぐらい当たるでしょう。一発当たってうまくいったら〈ルール２〉に則って、もう一度それをやってみる。そこでまたうまくいったのなら〈ルール１〉です。そうやって「うまくいくやり方」を蓄積していく。３→２→１と上っていくわけです。

私は、時に、この三つのルールをそのまま紙切れに書いて、「はい、これが人生を幸せに生きるための三つのルールです。いつもお守りのようにお財布の中に入れておいて、何か困ったことがあったときに、この紙を出して読みましょう」とクライエントに渡すことがあります。大変ありがたがられますよ。(この本のソデの部分にも印刷しておきますのでご活用ください。)

また、スーパービジョンをするときにも、この三つのルールは役立ちます。大学院生がケースを持ち込んできたとき、「それは、うまくいった感じなの？」「ええ、わりとうまくできたと思います」「何がよかったの？」「これがよかったと思います」「じゃあ、次もそれでいきましょう」。「このとき、こんなことを言ってみたら、それがスッとクライエントに入ったみたいなんです」「あっそう。じゃまた言ってみれば？」。「うまくいかないんですよ」「どんなふうにやったの？」「これやって、あれやって、こういうふうにやりました」「そう。じゃあ、何か違うことをしたら？」。簡単でしょ？　スーパービジョンって。だれでもスーパーバイザーになれます。(笑い)

［黒沢］　コンサルテーションのときにもすごく役立ちます。コンサルテーションというのは、こちらから専門的な情報を提供することですが、相手も別の分野で専門性を持っているわけです。で

すから、こちらが一方的に指導したり、あるいはカウンセリングするのではなくて、相手がその現場の中でどうやっていくかということを一緒に考えていく作業です。作戦会議を一緒にするわけです。コンサルテーションの場合、相手の専門性とこちらの専門性とは違うわけですから、必要以上に相手の領域を侵すようなことは言えません。主導権を相手に預けるわけです。そういう中で、この三つのルールを中心哲学として据えることで、コンサルテーションが的確にできるようになります。

［森］ この三つのルールさえ知っていればいい。だからもうここで、私たちの話は終わってしまってもいいぐらいです。これ以上のことを知ると、余計なことになるかもしれませんので、それではさようなら。（笑い）

［黒沢］ おいおい、違うでしょ。

四つの〈発想の前提〉

〈発想の前提1〉変化は絶えず起こっており、そして必然である

［森］　実は、中心哲学の三つのルールのほかにも、大切なものの見方・考え方があります。〈発想の前提〉と呼べるものです。

〈発想の前提1〉は、「変化は絶えず起こっており、そして必然である」です。

時間は流れ、その時間の経過とともに、すべてのものは変化していきます。これは自然の摂理です。たとえば、ここに机がある。この机は今、止まっているかのように見えるかもしれないけれど、五〇年後には今とはずいぶん違った様子の机になっているはずです。肉眼ではとらえきれないかもしれませんが、刻々と変化し続け、そしてその変化は今この瞬間にも起こっているのです。

机とくらべれば、人間なんてもっともっと変化しやすいものです。昨日の気分と今日の気分は違います。朝起きたときの気分と今の気分だって、もう既に違うでしょう。刻々と変わっていきます。そしてその変化のスピードは、年齢が下がれば下がるほどものすごいスピードとなります。五歳の子どもが六歳の誕生日を迎えるということは、三〇歳の大人が四〇歳、四〇歳の大人が五〇歳の誕生日を迎えるのと同じくらいの重みがあるかもしれません。

子どもたちにとって、誕生日というのはとても大事だと思います。六歳が七歳になった、七歳が八歳になったという重みには、ものすごいものがあります。これは治療にも役立ちます。私は、特に幼い子どもが来たときには、たいてい「誕生日はいつか」ということを聞きます。これは使えるからです。変化を意識させることができるからです。

「今は、かわいい七歳の○○君だね。何月何日には、もっと大きな八歳のお兄ちゃんになるんだね」という言葉は、子どもたちにとてもよく入ります。たとえば、爪かみが問題だったとして、「七歳のかわいい僕が爪かみをするのは何も不思議なことじゃないし、大事なことだよ。でも、八歳の大きなお兄ちゃんはどうしているかな」と子どもにたずねたら、「八歳のお兄ちゃんは、爪なんてかまない」という答えが返ってくるかもしれません。「誕生日は〇月〇日だから、あと二か月で八歳のすごい大きなお兄ちゃんになるんだね」というようなやりとりがあれば、もしかすると八歳の誕生日を迎える前に爪かみの行動はおさまってしまうかもしれません。

これくらい、子どもたちにとって時間の意味は大きいのです。ただ、変化というものは、それをちゃんと意識していないと見落としてしまうものです。先ほどの机の例で言えば、机を止まっている物と見たとき、すべての微妙な変化を見落としてしまうでしょう。机だったら止まっていると見ても、まあ迷惑はかかりません。しかし、変化し続けている子どもたちに対して、こちらが「あなたは、この状態で止まっているんだ」と見てかかわったとしたら、本当に子どもたちの変化を止めてしまうかもしれません。放っておいても変化するのです。変化は必然なのですから。それを「おまえは変わらない」といってかかわる。そうして変化を止める。これだったら、かかわらないほうが「治る」でしょう。

［黒沢］　しばしば、解決志向ブリーフセラピーでは、「わぉ、あの子が急にこんなによくなっちゃって。どうしちゃったの？」というふうに、端から見ると劇的に変化することがあります。そんなとき、まわりの人から、「黒沢先生、どんなかかわりをされたのですか？」と聞かれることもあります。でも、私は特別なことは何もしていないのです。だから、とぼけているわけでも

謙遜しているわけでもなく、「いいえ、別に何にもしてませんけれども」と答えます。ただはっきり言えることは、「変わるのを邪魔しなかった」ということです。

変化は必然です。だから変化を起こすために力は必要ないのです。逆に変化を止めるためには、大きな力が必要でしょう。小学一年生の子どもをそのままの状態で小学六年生まで「保存」するには、すごい力が必要ですよね。放っておけば身長も体重も増えますし、胸がふくらんできたり、髭が生えて声変わりしたり、様々な変化が起こります。解決志向ブリーフセラピーでは、「変化しないのは、変化を妨げている大きな力があるからだ」と考えるのです。

小学四年生くらいの子どもの不登校の問題で相談所などに行くと、「時間がかかりますよ。小学六年生くらいまでかかると思って、学校のことには触れずに、ともかくゆっくり見守りましょう」というような言葉をかけられることがあります。親や子どもの焦る気持ちをまず落ち着かせようという意図は理解できます。しかし一方で、この言葉が変化を妨げ、不登校という状態を小学六年生まで長引かせる一つの圧力になる可能性も大いにあるのです。

「人間って、変わらないよね」って、多くの人が言います。でも、この言葉自体が、変化を妨げるのです。

［**森**］　そう、私たちは「言葉はウイルスである」と言います。変化を阻止する力の最も大きなものの一つは「言葉」です。「あなたが変わるには時間が必要です」という「言葉」が「ウイルス」となって、その人に感染し、本当に時間がかかってしまうのです。

私は患者さんに、「あなたはいつ治りますか？」と聞くことがあります。これって変な質問ですよね。患者さんが治療者からこんなことを聞かれる筋合いはないはずなのですが。そうしますと、「一生治らないかもしれません」とおっしゃる患者さんもいます。まあ、これだと、たぶんその患者さんは治らないでしょうね。だって「治らない」と思っているんですから。本人ばかりでなく親やまわりの人が、「この子は治らないでしょう」という言葉を子どもに与えている場合も、おそらく治らないでしょう。

患者さんやクライエントの中には、このように「自分は変わらない」「あの子は変わらない」という言葉でもって変化を阻止している場合があります。そのようなクライエントや患者さんに、私が与えるメッセージは、そんなに数多くはありません。その中でも最も大事なのは、「あなたは変わりますよ」です。伝え方には様々な工夫がいるでしょうが、基本的に伝えるメッセージの内容は「これオンリーだ」と言ってもいいでしょう。「あなたは変わりますよ」というメッセージは、「でまかせ」で言っているわけではなく、「変化は必然」という発想を前提にして言っているのです。

＜発想の前提2＞小さな変化は、大きな変化を生み出す

［森］　＜発想の前提2＞は、「小さな変化は、大きな変化を生み出す」です。

先ほども黒沢先生がおっしゃっていましたが、時に解決志向ブリーフセラピーでは劇的な変化が起こります。そしてまわりの人たちには、「そのような劇的な変化を起こそうとして、何らかのすごい介入をしている」と見えがちです。しかし、それは誤解です。

解決志向ブリーフセラピーでは、とても小さな変化にターゲットを当てます。そして小さな変化が起こると、それはダダダダーッとつながっていって、いつの間にか大きな変化に発展していく。私たちの仕事は、何十万枚も並べられたドミノの最初の一枚をパタッと倒すことです。最初の一枚は倒します。「どのドミノから倒れるのかなあ」などと言って、ただ見ているというようなことはしません。その意味では、従来の、特に来談者中心療法的なやり方にくらべれば、解決志向ブリーフセラピーのやり方はアクティブと言えます。アクティブだけど、ブルドーザーで何十万枚ものドミノを全部倒しにいっているわけではありません。最初の一枚のドミノが倒れたら、あとは自然にドミノは倒れていくのですから、ブルドーザーなど必要ないのです。

解決志向ブリーフセラピーでのケースの終わり方というのはたいてい決まっています。クライエントがある日、「先生、何だか知らないけれど、よくなっちゃったんです」とか言って現れる。こっちが、「えっ、いったい何されたんですか」と聞くと、クライエントは「いや別にたいしたことやってないんですけども、こういうふうにやったら、次の日からすっきりしちゃって。どうしたんでしょうね」などと言う。「不思議ですね。どういうふうにされたんですか」とさらに聞くと、「こういうことがよかったのかな、こういうことがよかったのかな……」などと答えるかもしれません。「素晴らしいですね。で、どうしましょうか。面接を続けますか」と聞くと、「いや、もう大丈夫です」となり、面接終了。「先生のお陰で治りました」と感謝されることはあまりないかもしれない。勝手に治ってくれる。感謝されるようでは、治療者としてまだまだかもしれません。

［黒沢］　ミルトン・H・エリクソンは、こう言っています。クライエントが「ヨーイ、ドン」でゴールテープに向かって走っていく。私たちの役割は、そのピストルをパンと鳴らすことだと。自然に走り出すのを見守っているだけでもなく、ゴールテープを切るまで一緒に走っていくわけでもなく、最初のピストルを鳴らすことだというのです。

［　森　］　いくつかケースをあげながら、〈発想の前提2〉「小さな変化は、大きな変化を生み出す」を解説していきましょう。

二年間、過敏性腸症候群に悩み、浪人をしていた予備校生がいました。現役のときの入試は、通常の教室で受けられず、保健室で受験するような状態でした。このケースは一回の面接で回復したのですが（このケースの詳細は、一五九ページでもう一度お話しします）、面接で私が出した指示は、「朝食の前にトイレに行き、そして少なくとも五分、頑張って下痢を出しつくせ」、これだけです。「朝食の前にウンチする」という小さな変化が、二年間ずっと続いてきた過敏性腸症候群から回復するという大きな変化を生み出しました。「小さな変化」の小ささは、これくらいの感じです。

ディ・シェイザーは、数年間、歯ぎしりで苦しみ、歯がボロボロになっていた女性の患者さんの治療例を紹介しています。セラピストが出した指示は、「夫婦のベッドの位置を交換しなさい」。これだけです。ほかは何も変えないのに、その晩から歯ぎしりはなくなったのです。

「どうやって睡眠中の歯ぎしりを止めるか」という発想をしてしまうと、とても大変な作業になってしまいます。しかし、私たちは中心哲学の〈ルール3〉という、とても大きな武器を持っています。「もしうまくいかないのであれば、（何でもいいから）違うことをせよ」。何でもいいから違うことをしてみましょう。失敗したら、また別のことをすればいいのです。すべてのケースを一回の面接で治さなければいけないわけではないのですから。一回やって、うまくいかないのであれば、また別の小さな変化を提供すればいいのです。

［黒沢］　企業のカウンセリング室でのケースですが、息子さん（長男）の不登校についてお父さんから相談を受けました。〈発想の前提1〉「変化は絶えず起こっており、そして必然である」にも関連しますので、少し詳しくケースの内容を紹介しましょう。

長男は、ちょっと神経質ですが、とても勉強ができるいい子だったそうです。小学校一年生のとき、学校でちょっとしたトラブルがあり、行きしぶりが始まりました。お父さんは力づくで学校へ行かせるということを二、三日したのですが、なかなかうまくいきませんでした。そんなとき、よく教育相談を勉強していらっしゃる相談担当の養護教諭が、お母さんの相談に乗ってくれました。その先生からは、「心理的にまだ母子分離ができていないのです。年子の弟さんがいて、お母さんに甘え足りない部分がいっぱいあるんですよ。いいチャンスだと思って、ゆっくり甘えさせてあげてください。まだ一年生ですから、焦らないで。一年くらいはかかると思って、登校刺激を与えないで過ごしてください」と言われたそうです。

私はこの先生を責めるつもりはありません。でも先ほど森先生がおっしゃったように、「言葉がウイルス」になることがあるのです。「あなたは時間がかかるよ」という言葉がウイルスになって感染し、本当にそうなってしまうことがしばしばあります。

　お母さんは家に帰って、「ベテランの専門の先生が、一年くらいは家でゆっくりさせたほうがいいって。無理をさせると、あとあと心理的な禍根を残すそうよ」とお父さんに話しました。お父さんはその対応に不満を持ったそうですが、お母さんはすっかりその先生と打ち解けて、「一年間、学校に行かさなくていい」と決めてしまわれたのです。

　そして一年間、長男は自由に家で過ごしたわけですが、アドバイスをしたその先生は、その一年で転勤してしまいました。次の養護教諭は、ごく若い、教育相談の経験があまりない先生だったので、相談相手になりません。新しい担任の先生は登校させようとしたのですが、長男はなかなか登校できませんでした。お母さんは、「無理させちゃいけない。親がしっかり守ってあげることが大事なんだ。時間がかかるんだ」ということで、結果から言うと、小学六年生まで不登校のままになってしまいました。

　年子の弟は、お兄ちゃんとは違って活発でお友達が多い子でしたが、お兄ちゃんが二年以上不登校を続けた段階で、「お兄ちゃんが家にいるんだから、僕も学校に行かなくていいや」と言い出して不登校を始めました。弟にはお友達がいっぱいいますから、夕方になるとワーッと遊びに来ます。それで、「別に学校に行かなくても大丈夫。お友達も大勢いるし、お家でいろいろやっていれば」という感覚が普通になってしまいました。兄にしても家に弟がいたほうが楽しいのは当然です。ゲームだって一人でやるよりは楽しいし。兄は勉強を多少はしていたようですが、弟は勉強することなく遊びほうけて、兄は六年生、弟は五年生になりました。

　そのあいだ、何度か母親は教育相談所に行ったそうです。でも、「これくらい不登校が続いていると、きっかけをつくるのが難しいですよね」という調子で、具体的な示唆は得られず、新しい担任の先生方も、「もう前の年からの不登校ですからね。本人の顔も見たことがないですし、いちおう連絡はとりますけれども……」といった消極的な対応でした。「きょうだいそろって不登校だから、家庭に問題があるんでしょう（だから、学校からは手が出せない）」という暗黙の了解になっていたようです。

そんな状況の中、お父さんが思い余って私のところにいらしたわけです。

私はお父さんに、「今のお父さんは、息子さんたちについて、本当はどうなったらいいと考えていらっしゃるのですか？」と聞きました。お父さんは、「中学校に行かなくたって、今はいろいろな道がある。それが息子にとって本当にいいのなら、行かなくてもいいという考えもある。でもその半面、本当にいいんだろうかという思いもある。特に長男のほうは勉強は嫌いじゃないし、最低限の学力はついている。僕の本当の気持ちは、長男を絶対に中学校に行かせたい」とおっしゃったのです。そこで私は、「では、お父さんがイニシアティブを取って、お母さんともよく話し合って、『○○家の方針として中学校に行ってほしい。君は行けるよ』というお父さんの本当の気持ちを、本人に真剣にぶつけてみたらどうですか」と言いました。私がお父さんにした示唆はそれだけです。

長男は、最初の三日間は行きしぶりがありましたが、お父さんは中学校の先生にも「中学校は絶対に行く」という方針で協力してくださいと要請しました。結果的に、彼は一週間ほどで順調に中学校へ行き始めました。兄が中学校へ行くようになったら、弟も小学校に通いだしました。

子どもの変化を止めてしまったのは、援助者と呼ばれる先生や親の「あなたはまだ行けない。何年もかかるよ」という言葉や思いであり、変化を取り戻させたのは、お父さんの胸の内にある言葉、「君はもう行ける」を息子に真剣に伝えたことでした。そして、その小さな変化は、兄の登校だけでなく、弟の登校までという大きな変化を生み出しました。

＜発想の前提3＞
「解決」について知るほうが、問題と原因を把握することよりも有用である

［森］　＜発想の前提3＞は、「『解決』について知るほうが、問題と原因を把握することよりも有用である」です。

「解決志向」の対立概念は、「問題志向」です。従来の多くの心理療法は「問題志向アプローチ」でした。つまり、まず問題は何かを把握し、次にその原因を特定し、その原因となるものを取り除いたり変化させようとする。原因がなくなったり変化すれば、問題はすみやかに解決に向かうという発想です。

これは医学領域で言えば「感染症対策モデル」と呼ばれているものです。感染症の場合、何らかの細菌やウイルスなどが体内に侵入することによって、何らかの症候群（頭が痛い、おなかが痛い、熱が出る、体がだるい等）が出てくるわけです。したがって、「これは何菌だ？何ウイルスだ？」と原因を特定し、それをやっつけるために適切な抗生物質などを投与する。そして原因がなくなれば、熱は自然と下がり、おなかも正常に戻る。近代医学は、この感染症

対策モデルに基づいて発展してきました。そして多くの臨床心理学モデルも，基本的にはこのモデルを心の領域に当てはめる形でつくられてきたわけです。

ところが，今でももちろんすべての感染症が撲滅されたわけではありませんが，現代医学の主要な関心領域は，いわゆる慢性成人病疾患（循環器系の疾患，ガン，糖尿病，リウマチ等）に移ってきているわけです。そうしますと，感染症対策モデルは使えないのです。

「高血圧の原因は，しょっぱい味噌汁です」などと，塩分摂取量によって血圧値が一義的に決まるというのなら話は簡単なのです。ですが，現実にはそんな単純にはいきません。高血圧には遺伝子レベルの話から，様々な物理・化学的環境や，その人の栄養摂取・睡眠・運動・労働負荷などすべてを含めた生活習慣が何らかの関連を持っていますし，心理社会的な問題，たとえばストレスによっても血圧は変化します。高血圧の原因は，無数にあると言っていいでしょう。

これらの原因を，これもある，これもある……と全部特定していくことが，はたして可能でしょうか？　しかも，時間経過によって，原因はますます複雑化していきます。昨日の高血圧と今日の高血圧には，違う原因がからんできているかもしれません。

さらに複雑なのは，「原因→問題・症状」という方向だけでなく，問題や症状が原因に影響を与えていることもあるし，原因同士が影響しあっていることもあるということです。たとえば，会社でのストレスと家庭でのストレスという二つの原因があって血圧が高くなっているとします。家庭のゴタゴタが起こり血圧が高くなったので，家庭でのストレスという原因を取り除くため会社を休み，家庭のことに専念したら，会社から「何でおまえ，休んでいるんだ」と責められ、ますます血圧が高くなるという具合です。一つの原因を潰そうとすると、それに関連する別の原因がボンと出てくるということが、いろいろな局面で起こるわけです。感染症対策モデルのように「一つの原因を特定し、それをやっつけましょう」という発想では、もう慢性成人病疾患には対応できません。

体の話ですらそうですから、これが心の話になったら、もっと複雑です。「このときに、この種の心の状態になりました。それはこういう原因でなりました」と、原因を一つに特定できると考えるほうが不自然です。にもかかわらず、従来の臨床心理学は、こうした直線的因果律で理論構築されてきたのです。

四〇歳でアルコール中毒になった男性に、「どうしてアルコール中毒になるまで酒を飲み続けたんですか?」と聞いてみればわかるでしょう。きっと彼は、「いやあ、いろいろあってね」と答えるでしょう。これが正解です。彼の人生四〇年分、様々なことが複雑にからんでアルコール中毒になったわけです。

このように心の問題で原因を特定することはとても困難だし、仮にいくつかの原因が特定されたとしても、その原因を取り除くことは、多くの場合、ほとんど不可能なのです。

様々な原因の一つに、幼少期の母子関係の悪さがあったのかもしれません。仮にそれが原因だと特定できたとして、幼少期の母子関係の悪さをどうやって「取り除く」のでしょう?

［黒沢］　不登校のケースで、「それはやっぱりお母さんの育て方がいけなかったんですよね。その結果の不登校です。育て方が原因です」という内容のことを言われることがよくありますよね。

本当にお母さんの育て方が原因だと特定できたとしたとしても、そんなふうに言われたお母さんはどうすればいいのでしょうか。そんなこと言われても、もう育てちゃったわけですから。だれも不登校にしようと思って育てる親なんていません。自分が原因だと思い詰めて、「子どもと刺し違えて死のう」とまで思ったと述懐される母親に、私は何人もお会いしています。

原因・問題・解決を直結して考えてしまうと、「過去は変えられないし……。もう、どうしようもないですね」という結論につながっていってしまいがちです。

［森］　私は、心の問題に対してサービスする際、その領域は二つあると考えているます。次ページの【ホワイトボード1】を見てください。サービスAとサービスBの領域です。サービスAは、「なぜ、どのように問題が起こってきたか、原因を解明するサービス」です。サービスBは、「解決に向けて歩み出すサービス」です。

サービスAは、意味がないわけではありません。特に予防対策を考えるときには、サービスAをきちっとやって、ある程度構造を明らかにしておかないといけないでしょう。でも少なくとも、もう既に起こってしまった問題があって、その問題で困っているクライエントが目の前にいるときには、サービスAはほとんど役に立ちません。

たとえば、大きな地震が起こってある家が全壊し、その下敷きになっている妙齢の女性がいるとします。私がたまたまそこを通りかかった。彼女は苦しみもがいている。私は援助しようと思うわけです。そのとき、「なんでこの家は倒れたんだ？　隣の家は倒れとらんじゃないか。この家だけ倒れとる。どうしてだろう？　手抜き工事でもあったんか。ここだけ地盤が弱いのか」とか考えて、彼女に質問したりするでしょうか。あるいは、「なぜこんな真昼間に、この年齢の女性が家にいるんだろうか？働いていないんだろうか？」と考えて、「あなたはなぜ家にいらっしゃったんですか？」と問いかけたとして、これは援助になるでしょうか。

「どうしてこの家だけが倒れたのか」を突き止める作業は大事です。もし建築業者が手抜き工事をしてるのでしたら、そういう業者を減らすための施策や法改正をしなくてはいけません。けれども、それを考えるのは、ちょっと後にしませんか。とりあえず助けましょうよ。

「なぜ、あなたはここで下敷きになっているのか？」という質問から得られる情報は、援助とはほとんど無関係です。援助に必要な情報とは、私一人の力で持ち上がるのか？それが無理なとき、何かテコになるものはあ

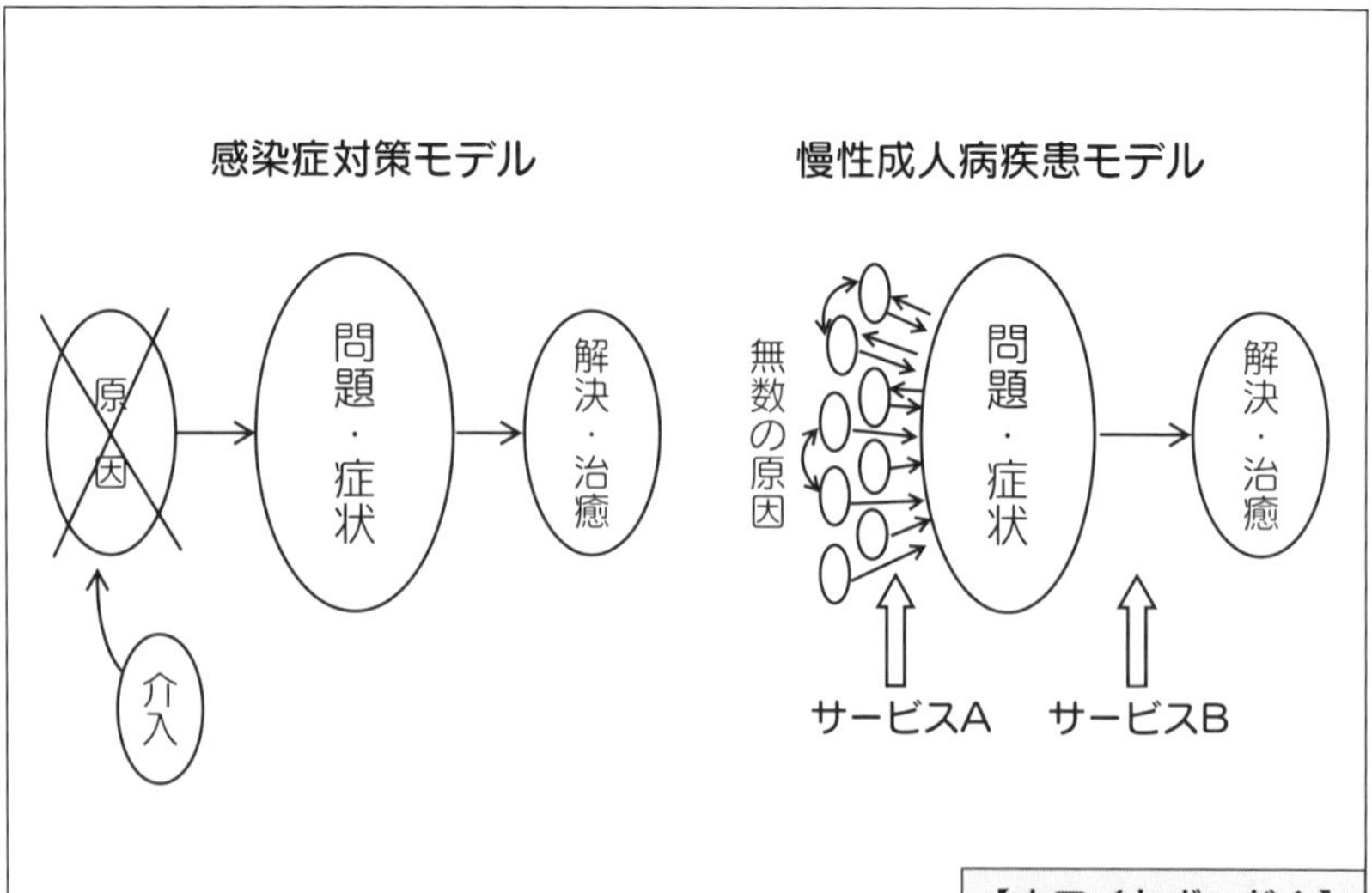

【ホワイトボード１】

るのか？　人手が必要なら、その人手はあるのか？　救急車を呼ぶための電話はどこにあるのか？　というものです。サービスBの専門家にとって、欲しいのは解決のための援助に役に立つ情報です。原因に関する情報をいくら収集してもしようがないのです。

解決志向アプローチでは、サービスBに焦点を当てるのです。この発想の転換が、難しいと言えば難しいところです。精神科医の多くは医学モデルの中で教育を受けてきており、医学モデルは基本的に問題志向だからです。だれも気がつかなかった問題、だれも発見できなかった原因を、いち早く見つけられる人ほど優れた臨床家であるという価値観の中で生きてきているのです。臨床心理学領域でも、「この人の心の問題はここね。その原因はたぶん母子関係ね」というふうに見つけられる人が優れた臨床家だと思われる傾向があります。だから、みんなそれをめざすし、そのためのトレーニングをずっと受けてきているわけです。この点、教育学を勉強し、トレーニングを積んでこられた学校の先生のほうが、解決志向に発想を移しやすいだろうと思います。

［黒沢］　原因にはほとんど興味がないと言っても、クライエントが話されているときには、もちろん傾聴しています。皆さん、原因のことをよく語りますから。「私の育て方がいけなかったんでしょうか」と、お母さんはよくこぼされます。学校の先生方のコンサルテーションをする場合も、先生は「やっぱり私の対応が、うまくなかったのでしょうか」などといろいろ悩まれます。そういうお話は、誠意を持って「そうですね。そう感じられるのですね」と聞いています。しかし、こちらの頭の中ではサービスBに備えて、「解決のために何が使えるか」ということを

探していけます。その方の話の中に、その方の持つ「リソース（資源・資質）」（「リソース」についてては、〈発想の前提４〉をご参照ください）を見つけながら聞いているわけです。解決のための材料拾いをしているのです。

［森］　実は、問題に関しても、私たちはあまり興味がないんです。「原因は関係ない」というところは、まだ理解しやすいかもしれませんが、「問題もどうでもいい」とまでくると理解しにくいかもしれません。ちょっと、解説しましょう。

まず、私たちは「問題はつくられる」というふうに考えています。

たとえば、ここに机があります。この机は問題でしょうか。

問題じゃないとも言えるし、問題だとも言えます。本や時計などいろいろな物が乗っていますから、台として役に立っています。その面を強調すれば、大変ありがたい机です。でも、私は机の角によく足をぶつけるんです。で、もし机の角に足をぶつけて私が骨折したとすると、これ非常に危険な机だということになります。「ここに机があるのは非常に問題だ」と言うことができるわけです。

ここにあるのはただの机で、別にこの机に罪はありません。この机の存在自体で「問題」が成立してるのではなくて、この机にどんな「言葉」を与えるかで問題は成立するのです。「もしかしたら私の足を骨折させてしまうかもしれない危険物」と表現したら、この机は「問題」になるわけです。

「学校に行かない」というだけでは、まだ問題は成立していません。一三〇年も時代をさかのぼれば、学校に行ってるほうが問題だったわけです。「わけのわからんところに行って、蘭学とか学んどるのか。国を倒そうとしているのか、おまえは。そんなことしてないで、ちゃんと田畑を耕せ」。

「登校拒否」という言葉が使われるようになる前には、日本には一人も「登校拒否児」はいなかったのです。学校に来てない子はいたでしょう。でも、それは「登校拒否」ではなかった。今の時代、日本中のだれもが、「不登校」「登校拒否」という言葉を知っています。みんな「不登校」「登校拒否」という「言葉のウイルス」に感染してしまったわけです。ですから、日本中にたくさんの「不登校児」「登校拒否児」がいるのです。

［黒沢］「いじめ」も同じですね。「いじめ」という平仮名三文字の名詞というのは、『朝日新聞』が一九七九年に論説の中で使ったのが始まりだと言われています。「人からいじめられる」とか「犬をいじめている」という言葉はそれまでもあったわけですが、「いじめ」という三文字の名詞はなかったそうです。今では辞書にものるような言葉になりました。日本人みんなが「いじめ」ウイルスに感染し、不幸なことにいじめは大流行してしまったわけです。

起こっている現象には違いがなくても、その現象を問題だとする「言葉」が当てはめられることによって、状況は大きく異なってきます。

［森］問題がどうやってつくられるか、そのプロセスをお話ししましょう。

中学三年生の女の子と母親が、ある日、夕食をとっていました。このお母さんは、とても観察力の鋭いお母さんです。よーく娘のことを観察しています。お母さんの観察によると、食事の際、娘さんは通常一分間に一二〇回噛むと観察されています。ところがその日、娘は九〇回しか噛みませんでした。なんと二五％も減っている。

ここまではいいのです。これくらいの観察力をすべてのお母さんに持っていただけると大変ありがたい話です。しかし、お母さんは続けて、「あれっ、どうしたの。食欲ないの？　具合悪い？　ムカムカする感じ？　そう言えばちょっと顔色も青いわね」と言うわけです。で、娘さんはふと、「そういえば、ちょっと、今日、食欲ないな」と気づくわけです。そして、「言われてみれば、確かにムカムカする。ここに食べ物が入っていく感じ」。食べているのですから、ノドに食べ物が入っていく感じは当然あるでしょう。

「今日の夕ご飯はあなたの好物を並べたつもりなんだけど……おいしくないかしら？」とか言って、お母さんも食べてみて、「いつもと変わらないね。味じゃないわね。何かあったの？学校でお友達に何か言われたの？」。それは何か言われてますよね。すると、娘さんは考え始めるわけです。「そういえば、A子ちゃんに何か言われたな。それはあまりいいことじゃなかった」「そう。先生からも何か言われた？」「うん、今日、指された。そのときうまく答えられなかった。怒られたわけじゃないけど、ちょっと嫌みを言われた」。それくらいのことは、何かしらあるでしょう。

さらにお母さんは続けます。「あっ、そうか。あと一週間で期末試験だよね。今度、自信ないの？　あなた、もう中三で、高校受験もあるし、期末試験くらいで緊張してご飯が食べられなくなっちゃって、あなたどうするの？　困ったわね～」。

お母さんが言っていることは、ある意味で事実です。期末試験が来週から始まるのも、そのことがちょっと不安なのも。

「今からこんなふうになってたら、本当の高校受験のときにどうするの？　ゲエゲエ吐いて、試験に行けなくなっちゃったら……。勉強も大事だけど、何よりも体調管理が大事よ。今からこんなじゃ、大学受験になると、もっと大変になるのよ。ストレスで食事がノドを通らないようじゃ、いったいどうするの？　でも、あまり焦らないほうがいいわね。ご飯なんて食べたくなかったら食べなくてもいいのよ。具合が悪いときは、バッと吐いちゃえば楽になるから」とか言ってるうちに、娘さんはどんどん不安を高めていきます。「確かにそうだ。高校受験どうしよう。大学受験どうしよう。今からこんなでどうしよう。吐いちゃえばいい？」「うん」。娘さんは、トイレに駆け込んで、今まで食べていたものを吐いてしまう。

いつもだったら一二〇回噛む娘が、その日に限って九〇回しか噛んでいなかったという、お母さんの観察は正しかった。でも、その観察に「食欲がない」「ムカムカする」「受験ストレス」などという言葉、意味づけを加えたわけです。観察は正しかったけれども、そこにあてられた言葉が本当に正しかったのかどうかはわかりません。

もしかしたら、娘さんにはちょっと気になる男の子がいて、「電車に乗っていたときの彼、素敵だったなあ」と物思いにふけっていて、噛む回数が九〇回になっていたのかもしれません。しかし、そこにお母さんがどんどん問題に関する言葉を与えていった。もしその娘さんが、お母さんの言葉に対して、「それ違うよ。今、ちょっと彼のこと考えてたね。おいしいよ、お母さん。ありがとうね」と返していたら、トイレに駆け込んで吐くということはないわけです。
問題というのは、このように、しばしばつくられるものです。最初は何もなかったところに、少なくとも問題と言わなくてよかったものに「問題」という名前をつけ、その感覚が共有されていくうちに、どんどん「問題」は大きくなり、本当の「問題」をつくってしまったのです。

［黒沢］実は残念ながら、相談室の中で、同じようなことがよく行われています。
「何にお困りですか？」「これこれで困ってます」「ああっ、それは大変ですねえ」「はい」「つらいですねえ」「ええ」「どうしてですかねえ」「どうして私はこんなふうになってしまったんでしょうか」……。問題モードの会話です。そして「共感」が大切ですから、「大変ですね」「おつらいですね」と妙に大変さに共感されて、相談室に来たときには解決への期待があり、わりと元気だった方が、相談室を出るときはがっくり肩を落として帰っていったりします。

［　森　］悪気があってやっていたら、街の悪徳占師みたいですね。街を歩いていて、カモになりそうな人を見つけると近寄っていって、「おたくの顔に凶相が出ていますよ。そのまま放っておくと大変なことになります。私が治してあげましょう」とか言って高額のお金を取り立てる。
心理職や相談にかかわる人はもちろん善意の人ですが、結果として同じようなことをやっている場合があります。相談室の中では、河原で石でも積むように「ここに問題見つけた。ここにも見つけた。ここにも……」と問題発見に終始することがしばしばあります。カウンセラーのそのような態度にふれ、クライエントも一生懸命「問題」を見つけ出そうとします。カウン

セラーとクライエントの二人で、「ここにも問題、ここにも問題、ここにも問題」と問題の石ころを積み上げ、その積み上げられた石の高さを見て、「だめだわね。私たち」「こんなに問題があるんじゃ、どうしようもないわね」という感じで、二人してどんどん沈んでいく。

問題なんて見つけようと思えば、どこにだって転がっているし、何にだって「問題」と名づけることができます。おとなしく授業を聞いていたら「覇気がない」と「問題」にすることができるし、元気に発言したら「うるさい。ちゃんと聞いてなさい」と「問題」にすることができるのです。

［黒沢］そうです。どうせ積み上げるんだったら宝物を積み上げましょう。宝物というのは、解決の方向に役立つものです。次の〈発想の前提4〉に出てくる「リソース」と同じです。

「あっ、ここにもいいものあるよ」「あっ、これ使ったらうまいこといくかもしれないね」「なんだ、こんなにいいもの持ってたの。早く出してよ」「一つ見っけ。もう一つ見っけ。ここにも宝物が落ちてた」という感じで、宝物を見つけていくのです。

それと、「物は使いよう」です。家族におばあちゃんがいるなら、「おばあちゃんが同居していることが問題だ」と、おばあちゃんを問題として扱うこともできますが、「おばあちゃんだからやってもらえることは、どんなことですか？」「おばあちゃんがいることで、役立っていることがあるとすれば、何かしら？」という方向で話をすると、おばあちゃんは宝物になるのです。

「『解決』について知るほうが、問題と原因を把握することよりも有用である」という発想を前提にして、クライエントと一緒に宝物を見つけるような面接にしたいですね。

＜発想の前提4＞
クライエントは、彼らの問題解決のためのリソース（資源・資質）を持っている。
クライエントが、（彼らの）解決のエキスパート（専門家）である。

［森］　＜発想の前提4＞は、「クライエントは、彼らの問題解決のためのリソース（資源・資質）を持っている。クライエントが、（彼らの）解決のエキスパート（専門家）である」です。リソース（resource）という言葉は大変便利な言葉ですから覚えておかれるといいと思います。【ホワイトボード2】を見てください。解決志向アプローチの枠組みでは、「原因」と「問題・症状」の連関と、「解決・治癒」は切り離して考えます。「解決・治癒」がどこからやってくるかというと、あっちからやって来る。鞍馬天狗にしても、怪傑ハリマオにしても（かなり古いですね）、ヒーローというやつはどこからともなくやってくるのです。
　夫婦喧嘩しているときに、「あなたが悪いのか、私が悪いのか」「だれが原因なんだ」と議論していても、夫婦喧嘩は盛り上がりこそすれ、仲直りなどできません。問題が続いているときは、「原因」と「問題・症状」のあたりでグルグルと堂々巡りが起こっていることが多いのです。そこから抜け出せるときというのは、ふっと別のほうから何か発想が浮かんだときです。「じゃ、カラオケでも行くか」といった感じです。何が「じゃ」なのかわかりませんけど。連続性なんかない。今、直面する問題からちょっと離れ、堂々巡りの枠組みからいったん外れる

視点に立つことが、すごく大事なのです。

このように解決はあっちから来ることが多いわけですが、あっちからと言っても、どっちから来るのか見当がつくのであれば、これはありがたい話ですね。この「どっちから来るのかな、どこらへん見てればいいのかな」を教えてくれる情報をリソースと呼んでいます。「解決の素」です。

［黒沢］　私のかかわったクライエントで、会社の中で三回も救急車を呼ぶようなパニック発作を起こした男性がいました。そのことで、ご夫婦で困っておられました。

あるとき、朝からグーッと胸が締めつけられるように苦しくなってきて、「あっ、このままじゃ、発作が起きて、また救急車を呼ぶような状況になりそうだ」と、油汗を流しながらご主人は言いました。「苦しい、苦しい。おまえ、なんとかしてくれ。もう

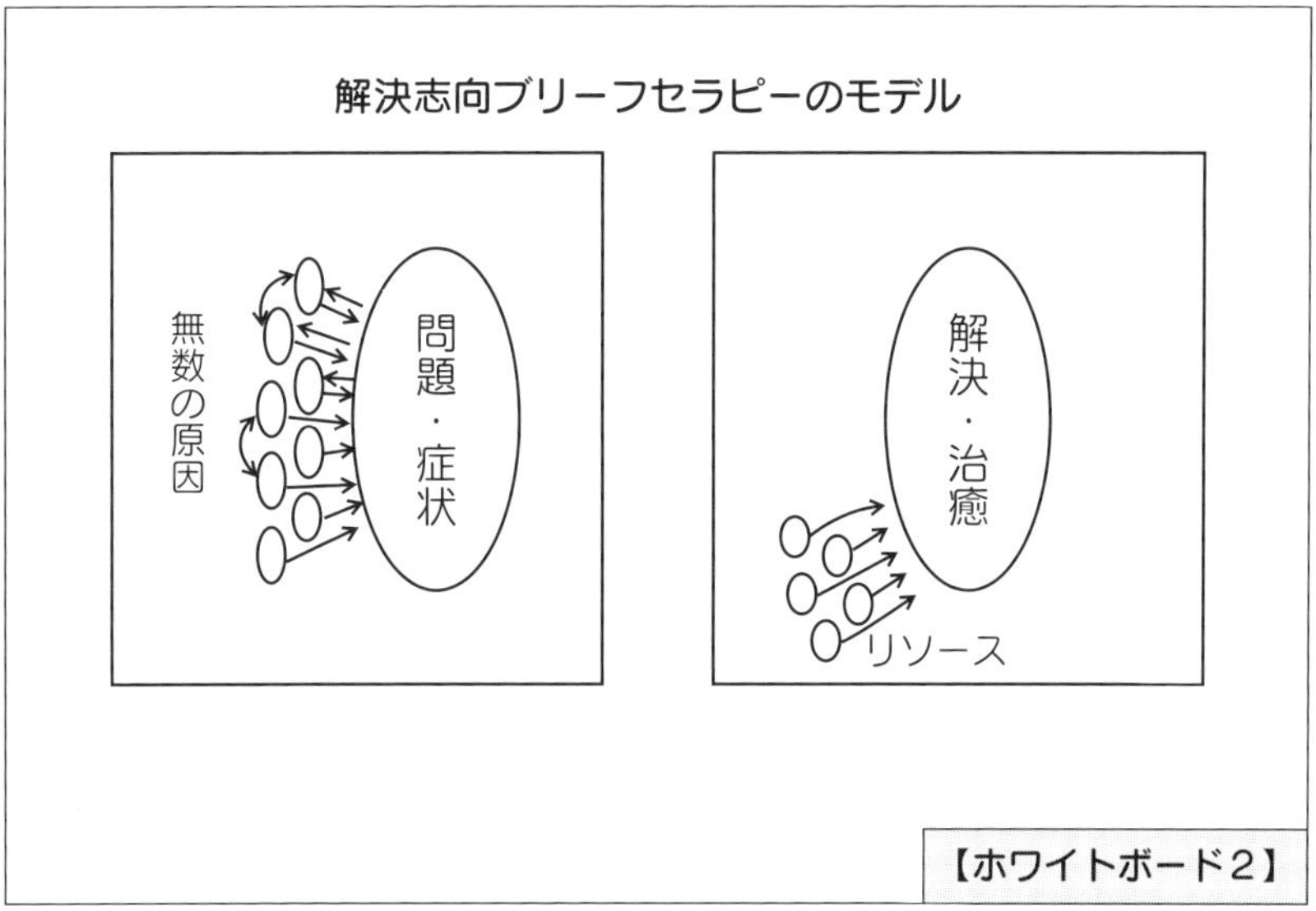

何度も何度も、おれのこういう状況につきあってきたんだから、おまえがしっかりしてくれなくちゃ」。奥さんはいつも献身的にかかわってきたのですが、この言葉にキレて、「そんなこと言ったって、心因性って言われているじゃない！」と言い返し、夫婦喧嘩が始まってしまいました。

「おれがこんなに苦しいのがわかんないのか！　頭も痛くなってきた。汗も流れてきた。熱が出てきたかもしれない。体温計、持ってこい！」。救急車を呼ぶ際、熱があるかなど身体的な状況を言わなければいけないので検温しようとご主人はしたのです。奥さんは「体温計」って言いながら体温計を探すのですが、なかなか見つかりません。「おまえは体温計も見つけられないのか！　おれがこんなに苦しいのに」と夫婦喧嘩はエスカレートするばかり。

奥さんが「そんなこと言ったって、私もノドがカラカラよ。お水を飲むわ」と言って冷蔵庫を開けたら、そこに体温計が入っていたのです。「あら、いやだ。こんなところに体温計が」と、ご夫婦で大笑い。そうしたら、ご主人のパニック発作がスーッと収まってしまったのです。

後日の面接で、ご主人は、「まさか冷蔵庫の中に入っている体温計に助けられるとは思いませんでしたよ」とおっしゃってました。これだけですっかり治癒したわけではないのですが、症状改善に何が役立つのかのヒントをご夫婦はつかむことができ、回復への大きなきっかけになりました。

この場合のリソースは、なんと「冷蔵庫に入っていた体温計」です。リソースというのは、そこまで幅を広げて考えられるのです。

［森］　何でもリソースになり得ます。「立ってるものは親でも使え」「猫の手でも借りろ」です。人、特に家族は、もちろん大きなリソースになります。先ほど黒沢先生がおばあちゃんが宝物になるとおっしゃっていましたが、おばあちゃんはしばしばリソースになります。学校の先生がかかわっていれば、それがリソースになります。亡くなった人も、けっこう使えます。もしかしたら、生きている人よりも使えるかもしれません。特に、ある種の信仰や宗教を持っているクライエントの場合には有効に使えます。

もちろん、クライエント本人の中にもリソースがあります。高い能力を持っている部分や強い関心を持っていること、たとえば、絵が得意、かけっこが速い、音楽が好き、野球が好き、釣りが好きなど、これらすべてがリソースになるかもしれません。

リソースは、内的リソースと外的リソースの二つに大きく分けられます。クライエント自身はどんな内的なリソースを持っているか。そして、そのクライエントのまわりにはどんな外的リソースが落ちているのかに注意を向けます。

クライエントのまわりといったとき、人だけでなく物がリソースになることもあります。ペットがしばしば大きなリソースになるということは、ぜひ頭の片隅に置いておいてください。また、ぬいぐるみがリソースになることもあります。ですから、ＫＩＤＳにはぬいぐるみがたくさん置いてあるのです。

ＫＩＤＳには、ぬいぐるみだけでなく、リソースになりそうな小道具がたくさん置いてあります。私たち二人は、講演などで全国いろいろなところに行きますから、行く先々の神社にお参りし、霊験あらたかなお守りや水晶球などを買ってきます。それらの小道具は、ＫＩＤＳの相談室の洋タンスの引き出しの中に詰め込まれているのです。そして、「この子には、これが使えるな」と思ったとき、スッと出してきて、「これがあなたを治してくれるよ」と無料で差し上げます。一〇万円ぐらいで売ったほうが、もしかしたら効くのかもしれないですけど。

［黒沢］ 先日、大阪でのワークショップに行ったおり、法善寺に立ち寄りました。そこのお守りに、中を覗くと法善寺の水掛けお不動さんが拡大して見える瓢箪がありました。私はそれがすごく気に入って、こっそり買ったのですが、いつの間にか森先生も同じものを買ってました。目のつけどころは同じなんですね。（笑い）

そういうものを使ってセラピーをしなさいと言っているわけではありません。要するに、何でも使えるということです。子どもたちとかかわっていく中でラポールがついてきたとき、先生の代わりになるものを、お守り代わりに持っているという感じです。臨床心理学用語を使えば移行対象ということになるのでしょうが、そういうことは抜きにしても、役に立つこと、使えるものは何でも使おうということです。

お守り自体がリソースになるだけでなく、物の助けを信じることのできる力、これもクライエントが持っているリソースです。「こんな物をもらったって、治るわけないじゃないか」と言う人も、もちろんいるわけです。そういう人にお守りをあげても効果はありません。だから、リソースのアセスメント（査定）を、こちらができるかどうかが大事です。要するに、リソースを見つけられるかどうかということです。

［森］　そして、「クライエントは、彼らの問題解決のためのリソースを必ず持っている」のです。リソースを持っていないケースなど一つもない。「クライエントが、解決のエキスパート（専門家）」なのです。私たちが彼らの問題解決の専門家なのではなくて、彼らが自分たちの問題解決の専門家だということです。私たちが専門家であるはずがありません。だって、私は彼じゃないのですから。

私が私の問題解決をするときは、もちろん私が専門家です。特に私のようにへそ曲がりの人間は、「あなたの問題の解決の仕方を私は知っていますよ」とだれかに近寄ってこられたら、たとえその解決の仕方が真実でも、「あんたに教えてもらうことはない。あんた、私のいったい何を知っているんだい」と言いたくなります。

［黒沢］　森先生に限らず、思春期の子どもは特にそういう傾向がありますね。

［森］　援助は必要かもしれません。でも、「援助を受ける」ということもリソースなのです。「人からの援助を受ける力を持っている」ととらえることができるわけですから。このように、リソースとしてとらえるからリソースとして見えてくるし、リソースとして見えてくれば、使うこともできるのです。

ところが、「援助を受ける力を持っている」という言葉を使わずに、「依存」という言葉を同じ現象に与えることも可能です。「彼は依存心の強い子だね」となったとき、「これは問題だ。もしかしたら、依存が核心的な原因かもしれない」と理屈をつけることもできる。そうしたら、これを取り除くという発想になってしまい、これを使うという発想にはなりません。

［黒沢］　もしここで、「自分は問題を探し出すプロとして、何年、何十年ものあいだやってきてしまった」と、ちょっと後悔している方がいらっしゃったとしたら、その方は、今がチャンスです。なぜなら、「問題の周辺にその人の能力がある」からです。

丸い形が標準、あるいは過不足ない状態だとしたら、変形の六角形や八角形や星型のように、でっぱっている部分が一般には問題だと言えるかもしれません。けれども、その部分こそその子どもの個性ですよね。だから、その人がその人らしく、自分の人生のエキスパートとしてやっていくとすれば、そのでっぱっている部分、見ようによっては問題として現れてしまっている部分こそ重要なものになるわけです。「問題の周辺にその人のリソースがあり、そこに能力がある」というわけです。

私たちが尊敬している精神科医に神田橋條治先生とおっしゃる先生がいらっしゃいます。神田橋先生も、「『問題』という言葉をつけたくなったら、『能力』という言葉に言い換えてみなさい」とおっしゃっています。学校に行かないことが問題、落ち込んでしまうことが問題、すぐに自信をなくすことが問題……。多くの人は問題を探すのが得意ですから、いくらでも問題をつくることができます。「あっ、何々が問題だな」と思ったら、「何々する能力」と置き換えるのです。たとえば、「落ち込む能力がある」という具合に。落ち込まない人間は、ちょっと反省が足りなくて学ぶところが少ない場合がありますから、落ち込むことができるのは能力なのです。問題を能力という言葉に置き換えると、問題の見え方も解決の見え方も変わってきます。そして、その人が持っているものの中で何を活かしてあげていったらいいのかが見えてくるというわけです。

ですから、「問題に目を向けてはいけない、問題から目をそらせろ」ではなく、問題を見つけるのが大得意な方は、ぜひその力を活かして、問題を見つけたら、能力という言葉に置き換える実験をやってみてください。そうすると、その子に対して問題だと思えていたものが全部リソースに変わっていきます。

［**森**］　一〇歳の男の子のケースで、こんなケースがありました。彼の主たる悩みは一〇年間続いている、つまり、生まれたときからずっと続いている夜尿症でした。それは二回の面接で治ったのですが、彼はほかにも困っていることがあって、いろいろ私に相談してきました。その中に「歯医者さんに行けない」という相談がありました。彼の奥歯は虫歯でボロボロで、かなり強い痛みもある。「放っておいたら、どうなっちゃうんだろう。痛いよ、痛いよ。でも歯医者さんが怖いから行けない。どうやったら、僕、歯医者さんに行けるようになるかな」。今すぐ処置を受けなければいけないことは、彼もよくわかっているのです。

歯医者さんの話になる前に、お母さんが別の話の中でポロッと「この子はね、授業中ボーッとしてて、全然授業を聞いてないんですよ。窓の外を見て、自分の世界に浸りきって、心は教室を抜け出しちゃってる。この子は、頭はいいほうだと思います。でも、先生の話は聞いてないし、黒板は見てないし。だから、テストの成績とかあまりよくないんですよ。何とかなりませんかね」という話をしていたのを、瞬間的に思い出しました。それで私は彼に言いました。

「歯医者さんに行く方法、一つとってもいい方法があるんだけれども、ただね、これは難しいんだな。私も、これをやれって言われたら、はっきり言って自信がない。大人でも、これができる人はそうはいないと思う。だけど、もしこれができたら、君は、何の恐怖も感じずに歯医者さんに行けるし、それだけじゃなくて、痛みも感じないで治療が終わっちゃうだろうね。それはね、君が歯医者さんに行って、イスの上に寝るよね。そうしたら君は、自分の体は歯医者さんのイスの上に置いて、君はどこかへ行ってしまうんだ」

彼は渓流でのフライ・フィッシングにはまっていました。

「フライ・フィッシングにでも行くか。バケツ持って長靴履いて、体は歯医者さんのイスの上に置いておき、君はフライ・フィッシングに出かける。大物を一匹釣り上げるまで頑張れ。途中でヴィィーンとかいうチェーンソーの音が聞こえてくるかもしれない。でも、今までチェーンソーの音が聞こえてきて、それが釣の邪魔になったことがあるかい？」

「そんなことはないよ」

「そうだろう。で、釣れたらバケツにその魚を入れて、歯医者さんに帰ってくればいい。帰ってくるころには、君の歯の治療はすべてが終わっているだろう。

もし仮に、こういうことができるとしたら、君は何の恐怖も、そして何の痛みも感じずに歯医者さんの処置を受けることができるでしょう。でも、難しいよな。こんなこと」

すると横にいたお母さんがすかさず、「この子は、毎日それ、学校でやってます」とおっしゃいました。「えっ」と私は驚いて、「そうなの？」って彼に聞くと、彼はニコニコして、うなずいていたのです。

「先生、そんなこと簡単だよ」

「えっ、そうなの。できるの？」

「だって僕、毎日、学校でそれやってるもの。授業を抜け出して、先生がどんなに大きな声でしゃべったって、僕の耳には何も入ってこない。友達がつっついたって、僕は気づかないんだ。そんなことは簡単だよ」

「すごい能力を持っているんだね。じゃあ、それを歯医者さんで使えばいいじゃない」

「うん！」

彼は翌日、歯医者さんに行きました。そして見事に大物を一匹釣り上げてきたのです。

彼のお母さんの「この子はね、授業中ボーッとしてて、全然授業を聞いてないんですよ」という言葉は、「問題」について語っている言葉です。この話を「問題の棚」にしまっておいてもいいわけです。「歯医者さんの問題が解決したら、次は、授業に集中できない問題を扱おう」というふうに。しかし私は、「授業中ボーッとしている」を「この話、いつか使えるかもしれない」と、「リソースの棚」にしまっておいたのです。だから、彼が歯医者さんの問題を持ち出してきたときに、私は自然にリソースの棚からその話を持ってくることができたのです。

クライエントは、いろいろなことを話してくれるでしょう。クライエントのまわりの人も、いろいろなことを話してくれるでしょう。そして、私たちはいろいろなことを観察するでしょう。それらをすべて「問題の棚」に整理しておくことはもちろん可能です。しかし、たぶんそれでは解決は出てきません。どうせしまっておくのでしたら、「リソースの棚」にしまっておけば、解決に役立ちます。

そして、リソースで最も見つけやすいのはクライエントの得意分野です。面接のはじめに、まず「今、夢中になってて、ワクワクするようなことって何ですか?」と聞きましょう。これは、とても使いやすい質問ですからお試しください。

［黒沢］ 私の場合ですと、「『売り』は何ですか?」と聞くことが多いですね。相談にいらっしゃったお母さんたちは、子どもの問題状況や問題行動についてダーッとお話しされることが多いものです。それが一段落したところで、「だいたいお話はわかりました。ところで、お母さんの目から見た、お子さんの『売り』って何ですか?」というふうに私は必ず聞きます。これは私の常套句です。

「長所」と言ってもいいのですが、長所だと月並みな感じがしますし、「品行方正」とか「明朗快活」のように、いかにも優等生的なところを言うのが「長所」のイメージです。私はもっとくだけた言い方で「売り」と表現しています。「ところで、お母さん、お子さんを今まで育てられてきて、個性的でいろいろ苦労されたこともおありでしょうけど、お子さんの『売り』は何でしょうか?」とざっくばらんに聞くと、お母さんも話しやすいらしく、「この子にバイクの話をさせたら、もうどんな部品のことでもわかるんです」といった話が聞けるかもしれません。

「お子さんは何で食っていけるようになると思います?」というような聞き方もよくします。高校生くらいですと、もう食っていくことがかなり具体化しています。小学校の低学年の子でしたら、「お子さんが自分の力で食っていくとしたら、どういう道で食っていけるのが一番この子らしいとお思いになりますか？」と聞きます。そうすると，「そうですね。親としては大学へ行ってなんて，普通のことを考えますが，この子は意外と手に職をつけるのが向いているかもしれませんね」とか，「いつも夢ばっかり見ているから，詩人で食っていけたら本当にこの子らしいかもしれません」のような答えが返ってきます。その子どもの個性やリソースを聞き出すために質問をしているのですから，具体的な将来の進路や職業が出てこなくてもいいのです。子どものリソースの方向性や広がりを聞いているわけです。

［森］　私も様々なクライエントにお会いするわけですが，病理学的に重くなくても，「苦手だな」とか「このケースは難しそうだな」と思うケースは，たいてい失敗します。これは状況的にかなりすごいなと思っても，「でも，このケース，大丈夫だな」と思えるときもあります。そういうときはうまくいくものです。

信じることが大切なのです。私はまだ修行が足りないところがあって，時に信じられないことがある。このへんの話になってくると，もうほとんど宗教の世界です。信心ですね。

［黒沢］　あれっ。森先生は無神論者でしょ。信仰の話なら，敬虔な私の出番でしょ。

［森］　ごめんなさい。宗教がかってしまうのですが，でもこれは大事なことです。

表面的には，来談者中心療法と解決志向ブリーフセラピーとではかなり違います。でも，来談者中心療法が，クライエントは実現傾向を持っているということをメインの概念としていることを考えますと、その点は解決志向ブリーフセラピーも同じです。

心理療法やカウンセリングで「気づき」が常に重要視されて論じられているのはご存じのとおりです。ただ、従来の「気づき」は、主に「問題についての気づき」だったわけです。気づきは大事だと思いますが、「リソースへの気づき」こそが大事だと私たちは考えます。

クライエント自身、自分のリソースに気づいてないことが多くあります。先ほどの歯医者さんに行けない子のケースで言えば、授業中にボーッとしていることがリソースだと彼は気づいていなかったし、そのリソースを歯医者さんで使えるとも知らなかった。私が彼に援助したことは、「それを歯医者さんで使いなさい」と言ってあげたことだけです。私が彼を歯医者さんに引っ張っていったわけではありません。彼はもともと歯医者さんに行って歯を治療してもらうのに必要なすべてのものを持っていたのです。でも、彼はそのことに気づいてなかった。

私たちの心の師であるミルトン・エリクソンは、心理療法についてこう語りました。

「心理療法とは、患者に足りないものを与えることではない。また、患者が歪んだものを持っていて、その歪んだものを矯正することでもない。患者が既に持っているにもかかわらず、持っていることに気づいていないものを、どうやって患者自身が使えるようにしていくのか。そこを援助するのが心理療法である」

［黒沢］　ここで出てくる心理療法という言葉は、そのまま教育という言葉に置き換えることができますね。

治療にしてもカウンセリングにしても教育にしても、クライエント自身、子ども自身の中にリソースがあると信じられるか、そして、彼ら自身が自分の未来への生き方のエキスパートであると信じられるか。これができているかどうかで、第Ⅱ部で紹介するマニュアルの技法や質問が活きてくるかどうかが決まるように思います。

技法が頭を占領していて、「ここでこの質問を入れる。そして次の質問は……」という具合に面接をしていてもうまくいきません。相手が詰まってしまうと、「あれ、あと何の質問をすればよかったんだっけ……」と頭の中がまっ白になり、それでアウトです。でも、「この子の中には、絶対、この子を解決に導く宝物があるんだ」と思って、それを探そうとし、そうやって見つけたリソースの中からどのリソースをどう使うかという姿勢がベースにあれば、マニュアルの技法や質問など自然に出てくるものです。そして、この姿勢さえあれば、皆さん自身の技法や質問を編み出していけるのです。

［森］　＜発想の前提＞を四つ紹介しましたが、これらが本当に真実かどうかはわかりません。しかし、これらのことを前提にクライエントとかかわるときわめて効果的であると言えます。これもメモにして（この本のソデにおまけとしてまとめておきます）、時々、ちらっちらっと見て自分のものにしてください。

マニュアルは便利なものですが、使い方を誤ると弊害もあります。ここまで解説してきた「三つの中心哲学」と「四つの発想の前提」を押さえたうえで、次の第Ⅱ部の面接マニュアルに入っていってください。

第Ⅱ部

解決志向ブリーフセラピーの面接マニュアル〈五つのステップ〉

解決志向ブリーフセラピーの面接の流れ

［ 森 ］ それではマニュアルに入っていきます。SFA（Solution-Focused Approach）では、面接を全部で五つのステップで考えています。

〈ステップ1〉クライエント－セラピスト関係の査定（アセスメント）
〈ステップ2〉ゴールについての話し合い
〈ステップ3〉解決に向けての有効な質問
〈ステップ4〉介入
〈ステップ5〉ゴール・メンテナンス（解決の維持・発展）

〈ステップ1〉から〈ステップ4〉までが初回面接マニュアルです。二回目以降の面接が〈ステップ5〉です。

初回面接で介入までやってしまうのです。ですから、初回面接はすごく忙しい。悠長にインテーク面接なんかしている暇はない！

［黒沢］ どうしてそうなるかといいますと、一番大きな理由は、変化は人と人とが出会ったときに起こる確率が最も高いからです。恋愛♡でもそうですよね。

私たちは「面接は立ち合い勝負」とよく言ってます。立ち合いがうまくいけば、あとは放っておいてもうまくいく。立ち合いでミスすると、取り返すのは大変です。

［**森**］　セラピストだってもちろんミスすることがあるわけです。クライエントに対して失礼なことを言ったり、不適切な対応をしたりすることはある。ミスは避けられないことだけど、立ち合いではミスをしたくない。うまく立ち合い、いい関係ができて、「じゃあ、解決に向かって進んで行こう。エイ、エイ、オー」という関係ができていれば、こちらがこけても、クライエントはちゃんと手を差し延べてくれます。ちょっと失礼なことを言ったとしても、「先生、そんなこと言われたら傷ついちゃいますよ」とフィードバックしてくれ、こちらも「ごめん、ごめん、まちがった」とちゃんと謝れる。こちらが不適切な課

面接マニュアル<五つのステップ>

<ステップ１>クライエント－セラピスト関係の査定（アセスメント）

<ステップ２>ゴールについての話し合い

<ステップ３>解決に向けての有効な質問

<ステップ４>介入

<ステップ５>ゴール・メンテナンス

【ホワイトボード３】

題を出してしまったときは上手に無視してくれたり、自分に合ったやり方に変えてやってくれる。

ところが出会った瞬間にミスをやると、まだ何も関係ができていないわけですから、援助者のミスをカバーしてやろうなどという気はクライエントには起こりません。「あっ、この人だめだ」「この人とは一緒にやっていけそうもないな」と感じるでしょう。そしてしばしば、こちらがミスを取り戻そうと焦ると、またさらに墓穴を掘るといった具合に、どんどん深みにはまっていくものです。

だから、初回面接をどううまくスムーズに流れていくようにするかというところに、私たちは力を入れるのです。

もし、クライエントが自分から相談室に来てくれたならば、これはもうクライエントが変化に向けて動き出していると言えます。相談室の先生に相談してみようかな、担任の先生や保健室の先生にちょっと話を聞いてもらいたいなと行動を起こしている。止まっているものを動かそうとしたら、そこにはかなりの力が必要です。でも、もう動き出している場合だったら、「いいね。動き出してるね。はい、どうぞ」と軽く押してあげるだけで加速度がついていく。このようなことが初回面接に一番起こりやすいわけです。せっかくクライエントが動き出しているのを止めちゃったら、これは非常にもったいない話です。止めた後に、また動き出しましょうというのは効率が悪いわけです。

思い切った提案をしますが、初回面接でのインテーク面接をやめませんか？　せっかく相談に来られたクライエントに、「生育歴は？」なんて聞いて、解決に向けて動き出している貴重な初回面接の時間を費やしてしまうのはもったいない。

初回面接の終了時には、お土産を持って帰ってもらえるようにしたいのです。お土産というのは介入のことです。「こんなふうにされてみたらどうですか」というお土産を渡すところまで初回面接でもっていきたい。

ブリーフセラピーを標榜している相談室の、クライエントとの平均セッション回数はだいたい五回です。平均五回で解決するのです。それは従来のカウンセリングや心理療法からすると、かなり少ない回数かもしれません。

ブリーフセラピーでは、主にアセスメント（査定）の時間を短縮しているのです。アセスメントをしていないのではありません。アセスメントはすごく大事です。だから、面接マニュアルの〈ステップ１〉はアセスメントなのです。

［黒沢］　ステップという言葉がついてますが、ステップ1をやって次にステップ2、それからステップ3……と階段式に考えると、ちょっと混乱してしまうかもしれません。ステップを行き来しながら、自由にやっていっていいのです。

ステップという言葉からも、ＢＦＴＣでも最初はきっと時間的な順序を考えていたのだと思います。しかし、その最新のバージョンではステップという言葉は消えて、「基本的にはソリューション・トークを展開していけばいいんだよ」となっています。「だいたい、こんな流れで面接を進めていく」というくらいに理解するのがいいと思います。

＜ステップ1＞ クライエント──セラピスト関係の査定（アセスメント）

［森］ さて、いよいよ具体的にマニュアルに入っていきます。まず＜ステップ1＞「クライエント──セラピスト関係の査定（アセスメント）」です。

アセスメントはただの分類作業ではありません。人間を標本箱に分類するだけではアセスメントとは言いません。「こういうタイプと査定されたから、私はこういうふうに対応すればいい」という具合に、こちらの行動指針とセットになってはじめて「アセスメント」と呼べます。そして、アセスメントは、ほとんど瞬時に行う必要があります。クライエントと接触した瞬間から、対応は始まっているのですから。アセスメントに時間がかかり、こちらの行動指針が立たないまま何回か接触してしまうというのは、とても危険なことだと思います。

私は「患者さんのことは、見たらわかるじゃない」と偉そうによく言います。ロールシャッハ・テストをやったから、その人の内的世界が初めてわかるというものでもないでしょう。ロールシャッハ・テストをやるということは、もう相手と関係を持っているわけです。たとえば、面接前に「今度、ロールシャッハ・テストをやりますからね」と伝えたとします。それだけで、もう相互作用が起きているのです。多くのセラピストは、この時点では、まだアセスメント前の感覚でいます。ロールシャッハ・テストをやるのはいいのです。でも、ロールシャッハ・テストをやらなければアセスメントできないという考え方はまちがっていますし、危険でもあります。

アセスメントは早ければ早いほどいい。もちろん正確なアセスメントをです。ブリーフセラピーのコツは、アセスメントにあります。


［黒沢］アセスメントや査定と言うと、硬く聞こえますが、私たちは無意識のうちに相手を観察し、瞬時に判断して対応していると思います。

たとえば、私がスクールカウンセラーとして学校にいるとき、そこにはいろいろな生徒が来ます。お友達とも緊張して目を合わすことができず、やっとのことで相談室に来て、下を向いて小さな声でおびえながら話す子もいます。そんな子に「よく来たわねッ！」って元気な声で言ったら固まってしまいますよね。そういう子だってわかった瞬間、こちらもその子に合わせます。その子が緊張しないように、「あっ、いいのよ…入って。座るのは……そのあたりがいいかな」とゆっくり誘導して、こちらも目を合わさないようにして、その子が場に馴れるまで待ってあげる。

反社会的問題行動系の子たちも来ます。「よう、先生。今日、元気かよう」と言われたときに、「まあ、どうぞお入りください」と、おしとやかに言っているわけにはいきません。「よく来てくれたね。早く入った、入った！　今日は、どうした？」という対応になります。

いろいろな生徒が入れ代わり立ち代わり来ますから、そのあいだが数分しかなくても、私はときには正反対の雰囲気の人間に変身するでしょう。「この子には、こう出る」「この子には、こう入る」「この子には、とりあえずこの流れでいく」というアセスメントを瞬時にこなしていくのです。

［森］　何をアセスメントするのか、もう少し具体的に説明していきましょう。アセスメントの対象はたくさんあります。でも「たくさんのものです」と言ったらマニュアルになりません。SFAでは、セラピストとクライエントの関係をアセスメントします。このアセスメントをきちんとやることが、治療上、最も有効であるというわけです。そして、このアセスメントが、その後の行動指針や対応を決めるのです。

SFAでは、「セラピスト―クライエント関係」には次の三つのタイプの関係があると言っています。

①ビジター・タイプの関係
②コンプレイナント・タイプの関係
③カスタマー・タイプの関係

①ビジター・タイプの関係

［森］　まず「ビジター・タイプの関係」から説明していきます。

ビジター・タイプの関係というのは、クライエントがセラピストに「こういうことで困っているんです」とか「こういうことを相談したいんです」「こういうふうにしてほしい」というようにニーズや問題を表明しない関係です。

3つの「クライエント－セラピスト関係」とその対応

①ビジター・タイプの関係
　①ほめる、ねぎらう（＝コンプリメント）
　②クライエントの話にのって、ほめる（雑談に打ち興じる）
　③帰す（「また、顔出してね」）
＊セラピストから問題を提起することはしない

②コンプレイナント・タイプの関係（不平不満タイプ）
　①ほめる、ねぎらう（＝コンプリメント）
　②観察力をほめる
　③他者・状況の「例外」探しの観察課題を出す　←ブリッジ

③カスタマー・タイプの関係
　①ほめる、ねぎらう（＝コンプリメント）
　②各<ステップ>を踏みながら……
　③行動課題を出す

査定する際の「使用上の注意」

①評価尺度・発達尺度として使わないでください。

②人格査定に使わないでください。

③迷ったら、番号の小さいほうに合わせてください。

【ホワイトボード4】

このようにクライエントがニーズや問題を表明しないのは、いろいろな場合があります。クライエントが問題を感じてない場合もあるでしょう。あるいは、問題は感じているけれども、解決について期待をしていない場合もあるでしょう。「まあ問題だとは思いますけど、治るものでもないし……」とか、「学校に行ってないのは確かにまずいことでしょうけど、でも行く気はありません」とセラピストに対して表明する場合です。あるいは、「解決したいと思っているけど、別にあなたに解決してほしいとは思っていない」という場合もあります。

それでは、どうして相談室でビジター・タイプの関係が起こるのでしょうか。それは、クライエントがだれかからの強制で来ている場合が多いのです。生徒指導部から指導が入って、「ちょっと相談室でも行ってこい」と問題行動を起こした生徒が来たりします。病院で言えば、いわゆる病識のない患者さんが病院に連れて来られているという場合です。また、こちらから出向いて行った場合には、ビジター・タイプの関係がよく起こります。

［黒沢］　校内に相談室を立ち上げたときに最初に来る人たちって、たいてい様子見ですよね。女の子が三、四人つるんで、「どんな先生、いるのかな？」と来ます。何かを相談したくて来たのではなく、様子見がてら遊びに来ているという感じで。これもビジター・タイプの関係です。

②コンプレイナント・タイプの関係

［森　］　二番目が「コンプレイナント・タイプの関係」です。

コンプレイナント（complainant）という言葉は、コンプレイン（complain）つまり不満を訴えるという言葉から来ています。日本語に訳すと、「不平不満タイプ」となるでしょうか。

コンプレイナント・タイプの関係ができているときというのは、クライエントはセラピストに向かって「こういうことで困っている」「こういうことを何とかしたい」とちゃんと表明しますが、「問題は自分にはなく、まわりにある」「解決のためには、まわりが変化しなくちゃいけない」という形で訴えています。

「いやー、うちの亭主がああで、こうで……。私はこんなにうつ病になっちゃいましたよ。あの亭主が変わらないかぎり、私のうつ病は治りません」という感じでセラピストに訴えるとしたら、これはコンプレイナント・タイプの関係ができているということです。

［黒沢］　不登校の子どもを持つお母さんとセラピストは、よくコンプレイナント・タイプの関係になります。

「うちの息子は、ホント情けないんですよ。朝になると、おなかなんか痛くないくせに『おなか、いたーい』って言うし。ちょっと『いじめ』らしいことがあったようなんですが、そんなことどこでもある話ですよね。それなのに、グジグジ、グジグジ気にしてるんです。私が言ったってだめなんですよ。父親も全然厳しく言わないし、学校の先生も全然親身になってくれないんです。息子は弱虫、父親は私まかせ、先生はわかってくれない……」

こんなふうに来たら、コンプレイナント・タイプの関係です。

③カスタマー・タイプの関係

［　森　］　三番目は「カスタマー・タイプの関係」です。
カスタマー・タイプの関係ができているとき、クライエントは「こういうことで困っています」と問題を表明します。「何とかしたい」と解決に対する期待もちゃんと表明します。さらに、問題の一部は自分にもあるとし、「解決のためには自分も変わらなくてはいけない」と表明します。自らが解決のために積極的に動いていくつもりであるとセラピストに表明するのです。

［黒沢］　同じ不登校の息子を持つお母さんでも、カスタマー・タイプの関係ですと、こんな感じになります。
「私の対応にも反省すべきことがいろいろあります。どうしてもガミガミ言ってしまうんです。朝、私はどんなふうに息子を家から出してあげればいいんでしょうか。息子にどんなふうにかかわっていけばいいんでしょうか」

［　森　］　日本語で言うと、「やる気満々タイプ」です。「私はどうしたらいいでしょうか」「僕がやれることは何でしょうか」とクライエントが言ってくる関係です。
「セラピスト－クライエント関係」には、これら三つのタイプがありますが、先ほど言いましたように、アセスメントは対応とセットになってこそアセスメントですから、次に、タイプ

別の対応を整理していきましょう。

「ビジター・タイプの関係」におけるセラピストの対応

［森　］「ビジター・タイプの関係ができている」とアセスメントできた場合に、それではセラピストのすることは何か。それは、「ほめる」ことです。何でもいいから、「あっ、ここはほめられるな」と思えるところを見つけたら、ほめる。茶髪がきれいに染まってたら、「ええ色に染まっとりまんな。それどこでやったん？　紹介してぇな」とほめてもいい。何でもいいから見つけてほめる。

［黒沢］ＳＦＡ用語では、これを「コンプリメント（compliment）」と呼びます。コンプリメントというのは、相手のやっていること、あるいは相手の考えなどに対して「あっ、それはいいね。それはすごいね」というように「評価し、賛同すること」です。「敬意を表す」という形をとることもありますし、場合によっては「労をねぎらう」という形にもなります。これがコンプリメントです。わかりやすく言うと「ほめる、ねぎらう」です。

先ほど出てきたコンプリメント・タイプのコンプレイナントと音が似ているため、混乱しやすいですけど。

［森　］何をほめてもいいのですが、絶対にほめなくてはいけない点があります。それは「クライエ

ントが来てくれたこと」です。コンプレイナント・タイプの関係、カスタマー・タイプの関係でもこのことはほめてほしいのですが、特にビジター・タイプの関係の場合、これを怠ると面接は失敗します。それは、ビジター・タイプの関係の場合、本人が本意で来ているわけではないことが多いからです。それでも、とにかく来てくれたのです。生徒指導の先生から言われて来た問題行動の少年であったとしても、とにかく来てくれた。そのことを積極的にほめ、ねぎらう。

つまり、ビジター・タイプの関係とアセスメントできたときの対応の一番目は、「来てくれたことをほめる」ということです。

「やあ、よく来たね。嫌だったろ、こんなとこ来るの。相談室に来るより、ほかにやりたいことあったんでしょ？」と、たとえばこんな感じです。

もし時間に正確に来たとしたら、「すごいね。ちゃんと約束の時間を守って来てくれたね。ありがとう」ときちんとほめる。

「いちおう、生徒指導の先生の面子を立てておこうかなと思って」とか言ったら、そこの部分を「偉い。今の世の中、きちんと人の面子を立てられないやつが多すぎるよ。それにくらべて、君は素晴らしい」とほめる。もちろんもうちょっと落ち着いた感じで、「その種の面子を立てることは、大事なことだね」とほめてもいいでしょう。

「やっぱ、ちょっと相談室にでも顔を出しておかないと、退学でもさせられちゃったら、まずいでしょう」というふうに打算的な感じで言ったとしても、「ちゃんと現実検討力あるね。そうだよ、来なかったら確かにやばかったよ。ちゃんとわかってるね。偉い」とほめる。

来談理由がどんなものであっても、来てくれたことにはまちがいないわけだから、とにかく手を変え品を変え、思いついた言葉で精一杯ほめるのです。

二番目は、「クライエントの興味・関心に沿った雑談に打ち興じる」です。その話の中でも、隙を見つけてはほめる。

たとえば、クライエントがビジュアル系バンドの追っかけギャルをやっているならば、そのビジュアル系バンドの追っかけ風景についての話に打ち興じるわけです。そして、チャンスを見つけてはほめる。

「CD、何枚、持ってる？」

「もちろん全部持ってるよ」

「全部って、何枚？」

「五〇枚ぐらいかな」

「すごい！　一番好きな曲は何？」

「これこれ」

「へえ、どんな曲なの？」

こんな感じで雑談に打ち興じながら、ほめるチャンスをうかがうのです。

［黒沢］　雑談に打ち興じるというのは、相手のリソースを探し見つけていくうえで、こんなにいいチャンスはありません。リソースをたくさん見つけて、リソースの棚にどんどんストックしていくのです。

そして、カウンセラーだけがそのリソースを知っているのはもったいないですから、「彼、意外とこういうところありましてね」とか「彼女のこういうところ、ご存じでした？」といった要領で、担任の先生などにもフィードバックしていくわけです。

［森］　三番目は、「時間になったら、帰す」です。

そのとき、次回の予約を取ってもいいですし、取らなくてもいいです。「やあ、面白かった。また今度、話聞かせてよ。いつだったら空いてるの？」というような形で予約を取ってもいいですし、あるいは「また暇なとき顔を出してね」というような感じのつなぎ方でもいいでしょう。まったく予約を取らなくてもいいです。

ビジター・タイプの関係の場合は、これ以上でもこれ以下でも、面接はうまく進まないでしょう。「これ以下」というのは、ここに書いてあることをやらないということです。「これ以上」というのは、ここに書かれていること以外の余計なことをやるということです。余計なことの代表選手は、クライエントが「問題はない」と言ってるのを、「そんなことはないでしょう」と、こちらから問題について指摘することです。たとえ問題の指摘が的確でも、ビジター・タイプの関係の場合は失敗します。それはセラピストとクライエントの関係性に合ってないやり方だからです。

［黒沢］　＜発想の前提3＞「『解決』について知るほうが、問題と原因を把握することよりも有用である」の部分でもふれましたが、カウンセラーやセラピストのほうから問題をつくってしまう

ようなことは避けたいですね。

五つのステップで言えば、ビジター・タイプの関係の場合は〈ステップ1〉「クライエント―セラピスト関係の査定」における対応だけにとどめ、表明された「問題」を扱う〈ステップ2〉以降には持っていかないようにするということです。言い換えれば、これから出てくる〈ステップ4〉の中でいえば、介入としてコンプリメントだけを行うことになります。

「コンプレイナント・タイプの関係」におけるセラピストの対応

［森］　コンプレイナント・タイプの関係だとアセスメントできたときの対応の一番目も、「ほめる、ねぎらう」、つまりコンプリメントです。そして、これもビジター・タイプの関係と同じく、来てくれたことや連絡してくれたことに関してほめることは、絶対に落としてはいけません。

コンプレイナント・タイプの関係の場合、人の悪口がよく出てきて、自分のことはあまり出てきません。自分は変わる必要がないと言うかもしれません。ですから場合によっては、「何しに来たんや。こいつ」と感じるでしょう。でも、たとえば、「これこれこういう理由で、ここに来られたのは大変適切な行動でした」とコンプリメントを入れていくことが大事です。

［黒沢］　私がかかわった公立中学校でのケースです。

その中学校に隣接した床屋さんのおじさんが、「学校の木の葉っぱが散って汚れる」「野球のボールが飛んできた」「生徒が登校の途中で店の前を汚した」……と、ほとんど毎日、苦情の電話を学校に入れてきていました。その電話をよくとる教頭先生と床屋さんのあいだには、コンプレイナント・タイプの関係ができていたのです。

教頭先生は「まいっちゃうんですよね」といつもこぼされていたのですが、あるとき「いやー、黒沢先生、うまくいっちゃいましたよ」と言ってこられたのです。私は「何をされたんですか、先生」と聞きましたら、教頭先生は私から何か盗んでやろうと、私の保護者に対する言葉の返し方や、廊下での生徒とのやりとりなどをジーッと観察していらしたというのです。そして、「電話がかかってきたときに、ちょっとやり方を変えてみたんです」とおっしゃいました。これは、中心哲学の〈ルール3〉「もしうまくいかないのであれば、（何でもいいから）違うことをせよ」に当たりますね。

教頭先生は、それまでは、もういつものことですから「はい、はい、わかりました。今忙しいんですが、気をつけます」という、おざなりな対応をされていたんです。でもこのあいだは、「○○さん、よく電話をおかけくださいました。いろいろあれから考えたんですけれども、○○さんにご指摘いただかないかぎり、近隣の皆さんにご迷惑をかけていることに私たちは気づきません。近隣の皆さんの温かい目あっての学校ですから、本当にありがたいことです。これからもぜひ、改善提案を出してください。今まで忙しくて充分に聞けないこともありましたが、これからはよく聞かせていただきます。○○さんのような方こそ、学校の最大の味方です」という対応をしてみたというのです。そうしましたら、翌日から一切、苦情電話はかかってこなくなったのです。苦情電話がかかってこなくなっただけではなく、このおじさんは地域の人々をまとめて、学校行事に協力するようになったのです。

「ほめる、ねぎらう」ことで解決してしまったわけです。これは学校近隣の人たちばかりでなく、学校に文句ばかり言う保護者にも当てはまる方法だと思います。

［森］　コンプレイナント・タイプの関係への対応の二番目は、「観察力をほめる」ということです。コンプレイナント・タイプの関係の場合、しばしばクライエントはまわりの動きの詳細を報告してくれます。たとえば、「主人が浮気しているんじゃないかと心配で、私はうつ病になってしまった」という訴え方をする奥さんがいたとき、その奥さんは、ご主人の行動に関してものすごく微に入り細に入り観察しています。「あのとき、こう言った。あのとき、何時何分に帰ってきた。おかしい」というふうに。その重箱の隅をつつくかのような観察力に、「ようそんなところまで覚えとるな」とつっこみを入れたくなるかもしれませんが、「よく観察されてますね」と、その非常に優れた観察力をほめておかないといけません。

コンプレイナント・タイプの関係への対応の三番目は、「観察課題を出す」です。その観察課題をちゃんとやっていただくためには、「観察力がすごく大事で、あなたはそれを持っている」と、きちっとコンプリメントを入れておかないといけないのです。この「観察力をほめる」から「観察課題を出す」にもっていく説明の部分を「ブリッジ」と言います。クライエントに納得して課題をやってもらうために、「これこれこういうわけで、こういうことをお願いしたいのです」の「これこれこういうわけで」の理由づけの部分がブリッジと呼ばれるものです。

コンプレイナント・タイプの関係ができているときのブリッジというのは、たとえばこんな感じです。

「奥さまは素晴らしい観察力をお持ちですよね。それは大事ですよ。そしてこの状況を打開するためには、その観察力がどうしても必要なんです。なぜならば、私はご主人とお会いすることは、これからもないかもしれません。奥さまのその観察がなければ、私はご主人に関する情報が何も得られない状態で面接を進めていかなければなりません。だから奥さまのその観察力が命なんです」

コンプレイナント・タイプの関係で出す観察課題は、「他者・状況に関する『例外』探しの観察課題」です。「例外」というのはSFAのキーワードの一つで、「既に起こっている解決の一部」がその定義です。例外をどんどん探していって、それをどんどん広げていって、解決を構築していくのです。

例外については〈ステップ3〉「解決に向けての有効な質問」の中で、観察課題の出し方やブリッジについては〈ステップ4〉「介入」のところでもう一度説明します。

コンプレイナント・タイプの関係ができているときの対応は、「これ以下」のことをしていたのでは面接はうまく進展していかないでしょう。そして、「これ以上」の余計なことをしても、うまくいかないでしょう。「これ以上」の余計なことというのは、「私は別になんの問題もなくて、悪いのはあの人とあの人と……。それとこういう環境自体もいけないわね」という具合に不平不満を言い続ける相手に、こちらがムカッとして「あんた、人のことばかり言って、あんたはどうなんですか」とつっこみを入れてしまう。これが余計なことです。これをやったら面接はガタガタになるでしょう。

コンプレイナント・タイプの関係ができている場合、クライエントは「問題は自分の外にある」と語りますから、そこに乗って「そうですよね」という路線で話を進めていくことが基本です。「あんたに問題があるんじゃないの？」と、問題をクライエントの中にもってくるということをしてはいけません。観察課題のときでも、観察する対象は必ず外の問題、つまりクライエント以外の人や物にします。自己観察を入れてはいけません。うまく面接を進めてきて、最後に「奥さま自身の行動についても、ちょっと観察しておいてくださいね」と言ったりすると、すごく敏感に「あっ、やっぱり私が悪いと思っているんだ」となって、最後の最後でどんでん返しが起こることになります。

［黒沢］　先ほどの床屋のおじさんのケースだったら、「わざわざお電話、ありがとうございます」とコンプリメントをまず入れて、「葉っぱ一枚のことであっても、きちんと伝えていただくことは大切です。一見ささいなことを見逃さない地域の目、観察力こそ学校にとってありがたいことです」と観察力をほめ、「本来だったら私たちがそれを見つけなければいけないところなんですが、これからもよく観察していてください。よろしくお願いします」と話をもっていくわけです。

　コンプレイナント・タイプの関係では、クライエントが訴えているその部分に乗らないと、「この先生は、なかなかわかってくれない」となって、ますます「まわりの人が悪い、まわりが変わらなければだめだ」という主張を強固に繰り返すことになり、悪循環に陥ります。

　確かに、周囲に問題があると訴える人のほうに問題があるのかもしれません。しかし、解決志向ブリーフセラピーにとって重要なことは、「何が正しいか」ではなくて「何が役に立つか」

なのです。

「カスタマー・タイプの関係」におけるセラピストの対応

［森］　カスタマー・タイプの関係とアセスメントできたときの対応の一番目も、「ほめる、ねぎらう」、つまりコンプリメントです。コンプリメントは、三つのタイプ全部に共通です。

カスタマー・タイプの関係ができている場合、クライエントを抵抗なくほめられるはずです。クライエントはちゃんと問題を表明してくれますし、それに対して「自分もいけなかったかもしれません。だから、自分もきっちり解決に向かって努力したい。私も変わりたい」というふうに言ってくれます。「そういうふうに言葉にできるというのは素晴らしいことですね。一緒にやっていきましょう」ときちっとほめて、〈ステップ2〉「ゴールについての話し合い」、〈ステップ3〉「解決に向けての有効な質問」をすみやかに進め、そして〈ステップ4〉「介入」で、「こういうことをしましょう」とか「お母さん、これをちょっとやっていただけますか」と、かなり具体的な「行動課題」を出すところで終わります。カスタマー・タイプの関係とアセスメントできたときは、そこまでを初回面接の中できちっとやっておかないといけません。

カスタマー・タイプの関係の場合、「そうですか。大変ですね。お話をおうかがいしました。じゃあ、次回」と、行動課題まで行かないで、共感・受容・傾聴だけで対応したら、たいていのクライエントは欲求不満を持って部屋をあとにすることになります。「どうしたらいいでしょうか。先生、何でも言ってください。何でもやる準備があります」と、クライエントはせっかくやる気満々で入ってきているのです。カスタマー・タイプの関係の場合は、行動課題をきちっと出す。しかも、初回面接で。「初回面接はインテーク、情報収集」と決めているセラピストがいますが、それはセラピスト側の都合です。

［黒沢］「あの先生はよく話を聞いてくれ、私の大変な気持ちをわかってくれて、そのときはとっても楽になります。でも、家に帰る電車の中で、『私は今日、相談室に行って何を得たんだろう』という思いが込み上げてくるんです。毎回そうです。どうしたらいいかについては、何も話し合われないんです」という不満やとまどいをクライエントから聞くことが少なくありません。カスタマー・タイプの関係に合った対応を、そのカウンセラーがしていないということです。この場合のクライエントは、気持ちの共感だけでなく、行動指針を得たくて相談室まで足を運んでいるわけです。

このアセスメント・ツールの「使用上の注意」

［森］これらは、一種のアセスメント・ツール（道具）です。だいたいどんな道具にも「使用上の注意」がついていますが、これにもあります。

まず、「このツールを評価ツールとして使わないでください」ということを強調しておきたいと思います。アセスメント・ツールであって、評価ツールではないのです。つまり、どのタイプがいいとか悪いとかという話をしているのではないということです。

［黒沢］　カスタマー・タイプの関係は、やる気満々で、一見一番いい関係性に見えますが、問題が一番すみやかに解決するかというとそんなことはありません。「私、どうしたらいいんでしょうか？　教えてください。私、何でもやります」と言って、何度も何度もいらっしゃるクライエントのケースはやりやすいですか？　意外とそうでもないでしょう。

また、ビジター・タイプの関係だと解決に向かわないかと言ったら、そんなことはありません。雑談してて、ワーッと盛り上がって、「それはすごいなあ！」とコンプリメントを入れて、「じゃあ、また～」と言って帰っていく。次に来たとき、真面目な顔をして「先生、おれもうくだらないことやめたよ」とか言ってくる生徒はけっこういるものです。あるいは、一回こっきりでその後は姿も見せず、卒業式で会って、「先生、お世話になりましたッ」とお礼を言われる。こちらは一回しか会っていませんから、会ったことすら覚えていない。「あのとき、けっこう、ありがたかったんです。あれからちょっと自分も考えました」みたいな話をされたことが何度もありました。

同じく、コンプレイナント・タイプの関係が、他のタイプにくらべて特別難しい関係かというとそんなことはありません。つぼに入った対応ができると、劇的に変わることが多いものです。先ほどの教頭先生の例なども、そうですね。

［森］　クライエント―セラピスト関係の査定は、あくまでもアセスメントであって、「今ここで、

起こっていることを冷静に見て、関係性に合った対応をしましょう」という話なのです。ここをまちがえると、ビジター・タイプの関係のときに、「コンプレイナントでもいいから、何か問題を言ってくれないかな」という感覚を持ってしまったり、コンプレイナント・タイプの関係のとき、「早くカスタマーになって、自分の問題に気づいてくれないかな」という思いが出てきたりするのです。そうすると思わず余計なことをしてしまいがちです。

ビジターはビジターで、コンプレイナントはコンプレイナントで、カスタマーはカスタマーでいいのです。

［黒沢］そうです。そしてこれは、成長モデルでもないということです。時々、「このビジターに問題を気づかせ、不平不満を言うところから、自分の問題をわからせ、最終的にはやる気満々のカスタマーにしなければいけないんだ」と成長モデルや発達モデルのようにとらえてしまう方がいらっしゃいますが、そうではありません。

［森］「使用上の注意」の二番目は、「人格査定に使わないでください」ということです。

査定は、あくまで「関係」の査定です。「私とクライエントとが、こういう状況の中でお会いしている、今・ここでの関係」が、たとえばビジター・タイプの関係ができているというふうに査定しているわけです。「どんな場面でも、この人はコンプレイナントさんです」という思いになってはいけません。私とのあいだではコンプレイナント・タイプの関係でも、学校の先生とのあいだではビジター・タイプの関係かもしれません。

［黒沢］　学校の先生の場合、生徒を呼び出して指導しようとするとビジター・タイプの関係しかできないけれど、街でバッタリ出くわすと、「今、ちょっと困ってることがあるんですよ、先生」という感じでカスタマー・タイプの関係になったりすることもあります。

関係性ですから、日々刻々と変わるし、場面や相手によっても変わります。だから、一番最初に出会ったときに一回だけアセスメントすればいいというわけではありません。同じ面接の中でも変わります。もちろん、一回目と二回目の面接では関係が変わっていることがあります。刻々とアセスメントしていくのです。「人格査定」だと考えてしまうと、人格はそんなに変わるものではありませんから、査定が固定化してしまいます。

［森］　三番目は、「査定に迷ったら、番号の小さいほうに合わせる」ということです。

つまり、①のビジターと②のコンプレイナントで迷ったら、とりあえず①のビジターとして対応する。②のコンプレイナントと③のカスタマーで迷ったら、②のコンプレイナントとして対応する。①と③で迷うこともあるかもしれません。そんなふうに査定に困ったら、番号の小さいほうに合わせて対応します。

ビジター・コンプレイナント・カスタマーという順は、セラピストの仕事量の少ないほうから並んでいます。ビジター・タイプの関係の場合は、ただ雑談をしてコンプリメントを入れていればいいだけですから一番楽で、私は一番好きです。面接効果が変わらないのだったら、楽なのが一番です。「番号の小さいほうに合わせる」ということの意味は、「迷っているくらいだったら、余計なことするな」ということです。

［黒沢］森先生などは、特に仕事は少なければ少ないほどいい！　と考えていますからね。

［森］そのとおり！　私、仕事、大嫌いなんです。で、手を抜くというか、仕事量を増やさないということに、命をかけています。でも、この感覚は、ブリーフセラピストとしてはとても大事な感覚だと思います。

［黒沢］こちらが仕事量を増やせば増やすほど、向こうが楽になってくれるのでしたらいいんです。でも、こちらがしんどくなっているときは、向こうも同じようにしんどくなっていることが多いわけです。相談室の中で、二人でドーッと重い荷物を背負って歩んでいる感じ、思い当たる方が多いんじゃないでしょうか。

［森］逆に言えば、こちらの肩の荷が楽になっているときは、向こうも同じように楽になっていると考えてほぼまちがいないということです。だから皆さん、自信を持って楽にやりましょう。こちらが楽でいるのを見て、クライエントは、「ああ、こういうことが楽っちゅうことか」と感じ、楽になる方法を学んでくれることもあります。

ブリーフセラピーには、解決志向ブリーフセラピーだけではなくて、ほかにもいろいろなやり方があって、それぞれにマニュアル的なものがつくられています。ここでほかのマニュアルをお伝えしないのは、出し惜しみをしているからではありません。ほかのアプローチはうまくいったときはすごく効き目があるのですが、外したときに反動というか副作用が強いからです。ＳＦＡのマニュアルは、副作用に関して細心の注意が払われています。「迷うくらいだったら、より副作用の出にくい対応にしなさい」というのは、こういう意味です。

これから解説していく〈ステップ２〉以降にも、外したときに副作用が出にくいような配慮がされています。だから、「使用上の注意」をきちんと頭に入れておいてください。これは大事なポイントです。

〈ステップ2〉ゴールについての話し合い

「ゴールについての話し合い」に入る扉の言葉

［森］　さて次に、〈ステップ２〉「ゴールについての話し合い」です。

先ほど申し上げましたとおり、ビジター・タイプの関係だと査定された場合は〈ステップ１〉「クライエント―セラピスト関係の査定」だけにとどめ、〈ステップ２〉以降には入らないようにします。

初回面接で、コンプレイナント・タイプ、カスタマー・タイプの関係ができている場合、クライエントは相談室に入ってくると、「こういうことで困っているんです」と話を始めます。それはしばしば一五分から二〇分くらいで一息つくものです。「だいたい、こんな感じなんですけれども……」というふうに一息つく。そうすると、〈ステップ2〉の段階に面接としては流れていきます。

〈ステップ2〉に入る扉の言葉はいろいろありまして、「だいたい、お話はわかりました。そうしますと、何がどうなるとよろしいでしょうか？」という台詞もよく使われます。あるいは「どうなりたいですか？」というのもあります。ちょっとトリッキーな台詞になりますが、「どうなっていると思いますか？　解決したときに」というのもあります。

要するに、「何がゴールなんだ」ということを話し合っていくわけです。このあたりが解決志向ブリーフセラピーと従来の心理療法との一番違うところでしょう。

従来の心理療法ではこうなります。最初にクライエントは今の困っている状況について語りだす。これは同じでしょう。「だいたい、こんな感じなんですけれども……」と一息ついたところで、従来の心理療法では、いったん過去に戻って、「それはどういうところから来ているのでしょうか？」と生育歴を探ったりします。「こうなって、こうなって、こうなって、で、ここでちょこっと、その問題の兆しが見えてきて、それはこんなふうに発展してきて、こうなって、こうなって、こうなって、そして今につながっているんです」という感じです。要するに、問題から原因についての話し合いを中心にして面接が進むのが普通です。

ところが、解決志向ブリーフセラピーでは、今の話がだいたい終わったら、過去の話は必要最小限度にとどめて、すぐに未来の話に特化する。「未来は、どうなってるでしょうか？」「なるほど、今こうなんですね。わかりました。それがどうなればよろしいでしょうか？」「どうなっているのが『いい感じ』というふうにお感じになりますか？」……。様々な言い方がありますが、要は未来の方向に話をもっていき、ゴールをはっきりさせる。図式すると、【ホワイトボード5】のような感じになります。従来の心理療法とくらべ、面接の中での時間的な流れが全然違うことがおわかりになると思います。

［黒沢］ ゴールについての話し合いをするということは、私たちの感覚からすると常識なんです。なぜならば、私たちは自分たちのことを「治療者」というよりも「サービスマン」だと思っているからです。心理社会的な援助サービスを提供するサービスマンです。サービスマンにとって、「いかがいた

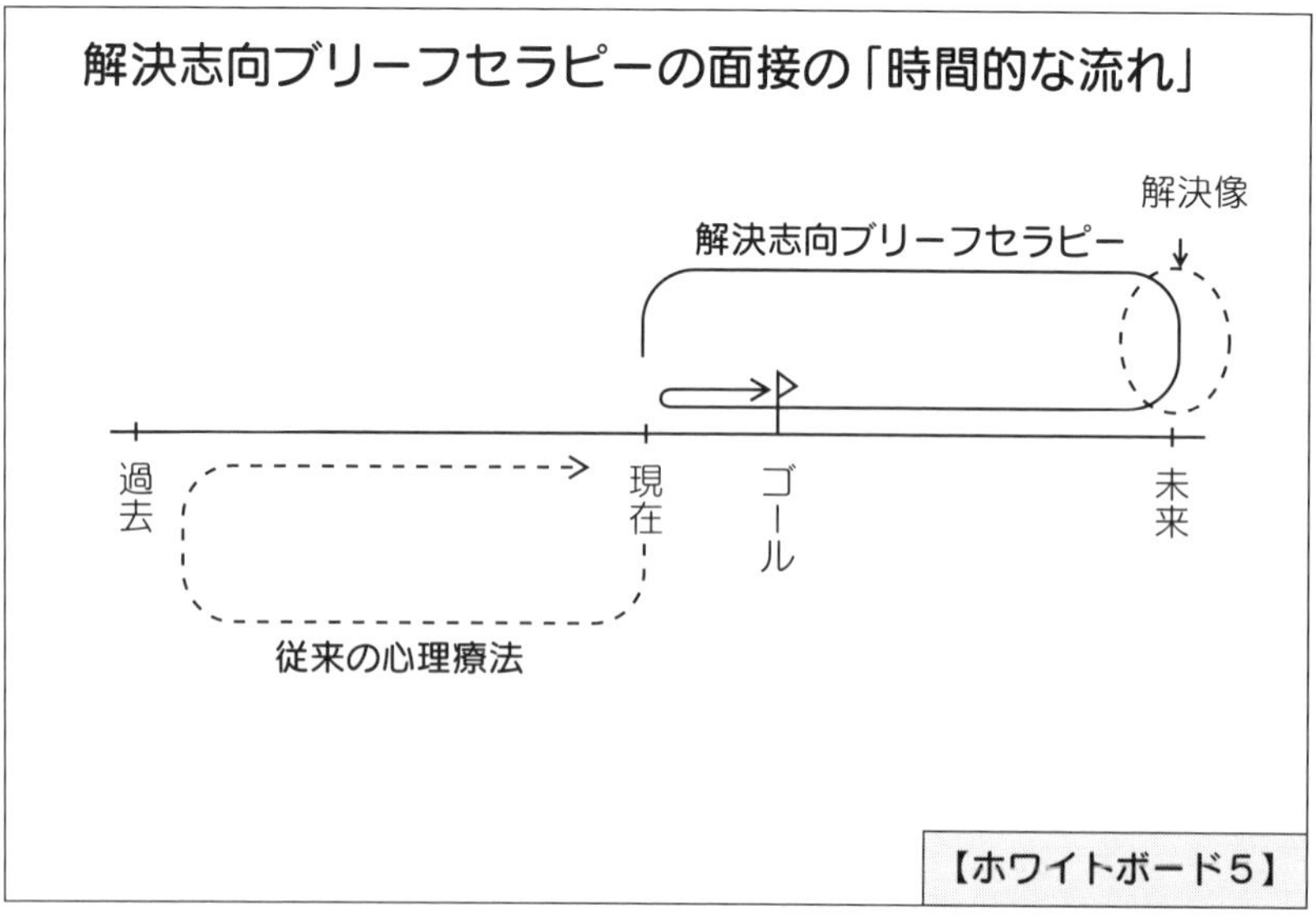

しましょうか？」と聞くのは常識ですよね。たとえば美容師だったら、「今日は、どんなふうにしますか？」とお客さんのゴール・イメージを聞いてから仕事にかかります。仕上がりのイメージを聞かれずに、勝手にカットしたりパーマかけられたりしたら、怒りますよね。でも、ゴールをたずねることは、今までのカウンセリングでは意外にもあまりされていませんでした。いくつかの相談室を回った末に私のところに来て、「何がどうなるとよろしいでしょうか？」とか「どうなりたいですか？」と聞かれ、キョトンとしてしまうクライエントがけっこういらっしゃいます。「初めて聞かれました、そんなこと。そうですね、考えたこともなかったですけれども……」という反応が返ってくることがよくあります。

解決像は北極星、ゴールは電信柱

［森］　クライエントは、「今の状況は、なんか違う。これはだめだ」とすごく悩んでいますが、「じゃあ、どうなればいいのか」ということはあまり考えていないものです。私たちの仕事は、「解決は何なんでしょうね？」と一緒に考えて、それが見えてくる状況をつくっていくことです。ここで「解決像」という言葉をキーワードとして覚えてください。「ソリューション・イメージ」です。

「解決像」と「ゴール」はちょっとニュアンスが違います。「解決像」というのは、「ゴール」よりももっと漠然としたものです。「こうなってればいいなあ」という、いわゆるイメージです。「ゴール」というのは「これでいこう」という、もっと具体的なものです。

精神科医の神田橋條治先生が、この二つの違いをうまい喩えで説明されています。神田橋先生は、夢と目標という言葉を使っておられます。

夢と目標は違う。夢は大きく、目標は小さく。夢は、たとえば北極星のようなもの。北という方向がどちらかを私たちに知らしめてくれる。もし北極星がなかったら、たとえば航海しているときに、船がどちらの方向に向かって進んでいるのか見失ってしまうだろう。しかし北極星があれば、今、東に向かっているな、北に向かっているな、西に向かっているな、南に向かっているなということがわかる。そして、自分は北へ行きたいとしたら、北極星の方向を見てずっと進んでいけばいい。そうしたら、目的地に着くだろう。

ただし、一生航海していたとしても北極星に着くことは絶対にない。北極星との距離はまったく変わっていない。そこには着けないんだけれども、それは私たちに方角を示してくれるという点で、とても大事なものである。

夢を近くにもってくると、逆にまずい。北極星は遠いところにあるから、ちゃんといつも北を指し示してくれるのである。夢を近くに置くと、ちょっと自分の位置が変わると、夢の方角がずれてしまう。だから、夢は大きく、遠くに。

それに対して、目標は小さく、すぐそこに見えるもの。到達したことがわかるもの。たとえば、歩いているときの電信柱みたいなもの。

「夢は北極星。目標は電信柱」というわけです。夢や北極星に当たるのが解決像、ソリューション・イメージで、目標や電信柱に当たるのがゴールです。解決像によって「あっちのほうに歩いていけばいいんだな」と方向性がわかり、そして、「まずとりあえずは、あそこの電信柱まで歩けばいいよね」というゴールが設定できる。

【ホワイトボード5】をもう一度見てください。いったん解決像まで飛ばして、現在の方向に引き返してきて、現在のところよりちょっと未来よりのところに旗を立てる。この旗がゴールです。何で遠くまで行って戻ってきて旗を立てるという面倒なことをするのか。これはやってみればすぐわかります。現在の場所から直接旗を立てるときの位置と、いったん遠くまで行って、「こうなっていればいいな」ということを押さえたうえで立てる旗の位置は、ずいぶん違うものです。

[黒沢]　不登校の子どもと「明日、学校に行くかどうか」ということを話し合うようなとき、今日の明日という一直線の発想で「明日どうする？」と明日の話をして出てくるゴールと、「二〇歳になったとき、何してると思う？　大学へ行ってるかな？　それともプータロー？」「大学に行ってると思う」「なるほど、そうなんだね。で、とりあえず明日どうする？」というプロセスを経て出てきたゴールとは、全然異質のものになっています。

解決像について話し合って、そこからゴールを導き出していくという作業、これが∧ステップ2∨の作業です。

良いゴールのための三つの条件

[森]　ただゴールだったら何でもいいというわけではなく、やはり「良いゴール」を設定したいも

のです。そしてそれが「良いゴール」であるためには、いくつかの条件があります。

良いゴールのためのまず一つ目の条件は、「大きなものではなく、小さなものであること」です。

しばしば、旗を立てようとするとき、遠くに旗を立てがちですが、ゴールというのは、ゴールテープ切ってなんぼのものです。ゴールテープを切れないと、クライエントは失敗体験を味わうことになり、ますますクライエントのエネルギーが下がっていきます。ですから、ゴールは近ければ近いほど、小っちゃければ小っちゃいほどいいのです。


［黒沢］でも、クライエントって、よく大きなことを言いますよね。「明日は、朝一時間目から学校に行く」なんて言い出します。そう言われると「そう！　では、頑張ろうね」って喜んでしまいがちですが、それではいけません。「そうだよね、明日からね……。でも、一時間目から全部出るなんて言わないで、給食くらいから出るのはどう？」と、大きなゴールを小さいゴールにどんどん

良いゴールのための３つの条件

①大きなものではなく、小さなものであること

②抽象的なものではなく、具体的な、できれば行動の形で記述されていること

③否定形ではなく、肯定形で語られていること

【ホワイトボード６】

ディスカウント（値引き）していくことが大切です。

私たちがクライエントに得てほしいのは、「成功体験」です。確実に成功できる水準にゴールを仕立てることが仕事です。ハードルは跳べてなんぼ。跳べない高さのハードルを用意するのは、こちらのミスです。ゴールを達成できないのは、クライエントのせいではなく、援助者のミスなのです。ここを肝に銘じましょう。

［森］　そうです。そしてまちがっても、こっちから大きなゴールを出しちゃだめですよ。

二つ目の条件は、「抽象的なものではなく、具体的な、できれば行動の形で記述されていること」です。

たとえば、子どもと面接してて「どうなりたい？」と聞いたときに、「僕は弱いんだよ。もっとしっかりした人間にならなくちゃだめだ」と言ったとします。「しっかりした人間」では、ゴールとしては抽象的すぎます。ですから、「そう、しっかりした人間。いいねえ」とコンプリメントを入れながら、「君にとっての『しっかりした人間』って、どんな人のことを言ってるの？　たとえば君のお友達の中に、君が言う『しっかりした人間』っているの？」と聞いてみるのもいいでしょう。「○○君みたいに……」と答えが返ってきたら、「○○君は、どういうところがしっかりしているの？」と、より具体的な答えが返ってくるように聞いていきます。

「○○君は、学級会のとき、パッと手をあげて自分の意見が言えるし、自分の気にいらないことがあったときにも、ちゃんと言える。でも、僕は、学級会で話が変なほうに行って困ったなあと思っていても、発言できない。何かの役を押しつけられても、嫌だって言えない。そういうところが、僕はだめなんだ。弱いんです」
だんだんと「しっかりした人間」のイメージが具体的になっていきましたね。このくらい具体的になってきたら、「そうか。そうすると、そういう『しっかりした人間』になるには、とりあえずどうなりゃいいのかな?」と、ゴールに関する問いかけをします。「うーん、学級会で、まずいなって思ったときには、少なくとも手を挙げる。うまく言えるかどうかは自信ないけれども、まず手を挙げられればいい」というふうに、もし彼が言ったとしたら、これはいい展開ですよね。「なるほど、学級会で手を挙げることができるようになること。これが君にとってのゴールということになるのかな」という感じで話は続きます。

「しっかりした人間になる」じゃなくて「学級会で手を挙げる」。「具体的な行動の形で記述されていること」というのは、こういう意味です。

三つ目の条件は、「否定形ではなく、肯定形で語られていること」です。否定形のゴールというのは、「何々がなくなる」「何々しなくなる」「何々でない状態」という形で記述されているゴールです。病院に来る患者さんの場合、彼らにゴールについての質問をすると、ほとんどこれが出てきます。たとえば、「この症状がなくなればいい」というゴールです。こういう否定形のゴールはあまり使えません。

［黒沢］　旅行の計画のことを考えるとわかりやすいですね。

「どこか旅行へ行きたいね。夏休みだし」「熱海は嫌だよ」「そうだね。熱海は嫌だね」(熱海の関係者様、ごめんなさい。私は熱海、大好きです)「外国はお金かかるし、外国まで行くのは嫌だよね」「そうだね。外国は嫌だね」「海もいいけれども、暑すぎるところは嫌だよ」「そうだね。嫌だね」「北海道はどうかな」「北海道は交通費がバカにならないから嫌だよ」……。

「嫌だ」という場所がいくつ見つかっても、旅行の行き先は決まりません。旅行の計画で必要なのは、「どこそこじゃない」ではなくて、「どこそこだ」です。ゴールというのは特定されてはじめてゴールになるのです。否定形で語られているゴールは、何も特定していないわけですから、ゴールとしてあまり機能しないのです。

［森］

たとえば強迫神経症の患者さんがいたとします。不潔恐怖で、手洗い強迫の患者さんで、外から帰ると真っ先に洗面所に飛び込んで、不潔になったと思っている手を三〇分も四〇分もずっと洗い続けます。クレゾール石鹸まで使い、手はガサガサになって血が出ている状態になっても洗い続けるのです。そのことに困った患者さんが、「強迫症状をなんとかしたい」と言って、病院を受診される。

「あなたのゴールは何ですか?」と聞けば、「手洗い強迫がなくなること」と患者さんは言うでしょう。否定形のゴールです。私だったら、こんなふうに展開します。

「なるほど。では、それが仮になくなったとしましょう。でも、あなたは今、家に帰ってから四〇分間、洗面所で手を洗い続けているわけですよね。もしそれがなくなったら、帰ってから四〇分間、時間がポッカリ空いちゃうわけですよね。その四〇分間、あなたは何をしているんでしょうね。今は、家へ帰って靴を脱いだら、そのままダーッと一目散に洗面所に行く。もし治ったとしたら、靴を脱いで、次にやることは何でしょう?」「〇〇〇〇」「それから、何をするでしょうか?」「〇〇〇〇」「それから、何をするでしょうか?」……。

こんな感じで話を詰めていくかもしれません。で、彼がこう言ったとする。

「帰ってきたときは疲れているので、本当はもう真っ裸になって、ドーンとベッドの上に寝っ転がりたい」

「今は寝っ転がれない?」

「はい。だって、まず服を脱ぐことができないんです。手が汚れているから。自分の着ている洋服に不潔なものが付いてしまうから。だから、真っ先に手を洗うんです。だけど、僕は、本当は……映画なんかでよくあるじゃないですか、その人が歩いたあとに靴下が脱ぎ捨てられ、ズボンが脱ぎ捨てられ、ジャケットが、シャツが、パンツが……。そして行き先はベッド。僕、そういうのが夢なんです。ベッドにバタンと寝っ転がって、三〇分なり四〇分なりして外出の疲れが取れたら、家でのいろんな仕事をするんです」

もし仮にこのような話が引き出せたとしたら、「今の話の中で、既に起こっていることは何ですか?」「手を洗うより前に靴下を脱いだことはないの?」などと聞いてみます。そうすると、案外こんな感じの話が聞けるかもしれません。

「あっ、そういえばありました。あのときは靴下がすごく汚れてたんですよ。雨が降ってビショビショで、靴下をはいたまま洗面所まで歩くことができないから、玄関に靴下を脱ぎ捨てて、そして手を洗いに行った。そういうことがありました」

「そうか、そうか。じゃあ、夢に一歩近づいたね。たとえば目標として、こういうアイデアはどうだろう。帰ったら、まず靴下を脱いで、玄関に置いて、それから洗面所に行く。これはできそう？」

「うん、それくらいだったらできるかもしれない」

この「靴下を脱いでから洗面所に行く」というゴールはいかがですか？　大きなものではなく、小さなものですよね。具体的な行動の形で記述されていますし、肯定形で語られています。これは「良いゴール」と言えるでしょう。

［黒沢］すぐに暴力をふるってしまう子どもにゴールを聞くと、「これからは殴らないようにする」と否定形で語ることがほとんどだと思います。そんなとき先生は、「そう、これからは絶対に殴らないようにな」と強く注意して終わったりします。こういうときはもう一歩進めて、『これからは殴らないようにする』ということはわかった。そうすると、君は殴る代わりに、この場面ではどうする？」と、否定形のゴールを肯定形のゴールに変えていく問いかけをするといいでしょう。これだけで、子どもとのかかわりの質が変わります。

ゴール・解決像の三つの水準

［森］ゴールや解決像を引き出すための「質問の仕方」があります。先ほど紹介した「ゴールについての話し合い」に入るための「扉の言葉」と重なるものですが、整理すると次のようなものです。

「どうしなければいけないの？」

「どうしたいの？」

「どうなりたいの？」

「どうなるといい？」

「どうなっていると思う？」

学校の先生は、最初の「どうしなければいけないの？」はよくしますよね。「どうしたいの？」「どうなりたいの？」「どうなるといい？」とたずねることも、時々あるでしょうか。でも、「どうなっていると思う？」という質問の仕方は、今までされたことがないかと思います。

最初の「どうしなければいけないの？」という質問から引き出されてくるゴールや解決像は、ほとんど使えません。「どうしたいの？」も、怒るときに「あなた、どうしたいのッ⁉」と使ったりして、実際にはどうしたいかを聞く言葉になっていない場合が多いので、あまり役に立ちません。これにくらべれば「どうなりたいの？」のほうがまだいいかな。でも、まだ△です。「どうなるといい？」は同じ三角でも▲。注意馬くらいですね（競馬の話になってきました）。本命は、「どうなっていると思う？」です。

ゴールや解決像には三つの水準があります。この部分は森・黒沢オリジナルです。

第一水準は「義務」の水準です。「こうならなくてはいけない」「こうしなくてはいけない」という水準のもの。

第二水準は「希望・夢」の水準です。「こうなりたい」「こうしたい」。

第三水準は、これは造語ですけれども「必然的進行」と私たちはネーミングしました。「当然こうなっている」という水準です。この第三水準までゴールや解決像が発展してくると、これはかなりゴールに到達する可能性が高いと言えます。

［黒沢］　第一水準の「こうしなければいけない」のあとには、「でも、したくない」という言葉がきてしまうことが多いんです。「学校に行かなければいけないことはわかってるんだけど……。でも、行きたくないんだ」「試験を受けなければいけないんだよね。でも、嫌だなあ、受けたくないなあ」というう感じです。

第二水準の「希望」の場合でも、「でも」という言葉がついてしまうことがよくあります。「こうなりたい。でも、無理だろうな」というように。第一水準とくらべると格段にいいですけれども、この水準でも、なかなかゴールは達成されないし、解決像に近づくのは難しい。

それよりも「必然的進行」という第三水準のゴールや解決像が欲しいのです。「当然こうなっている」という「未来時間イメージ」が欲しいのです。

［森］　「未来時間イメージ」というのもキーワードの一つです。人はすべて、未来時間イメージというものを持っています。

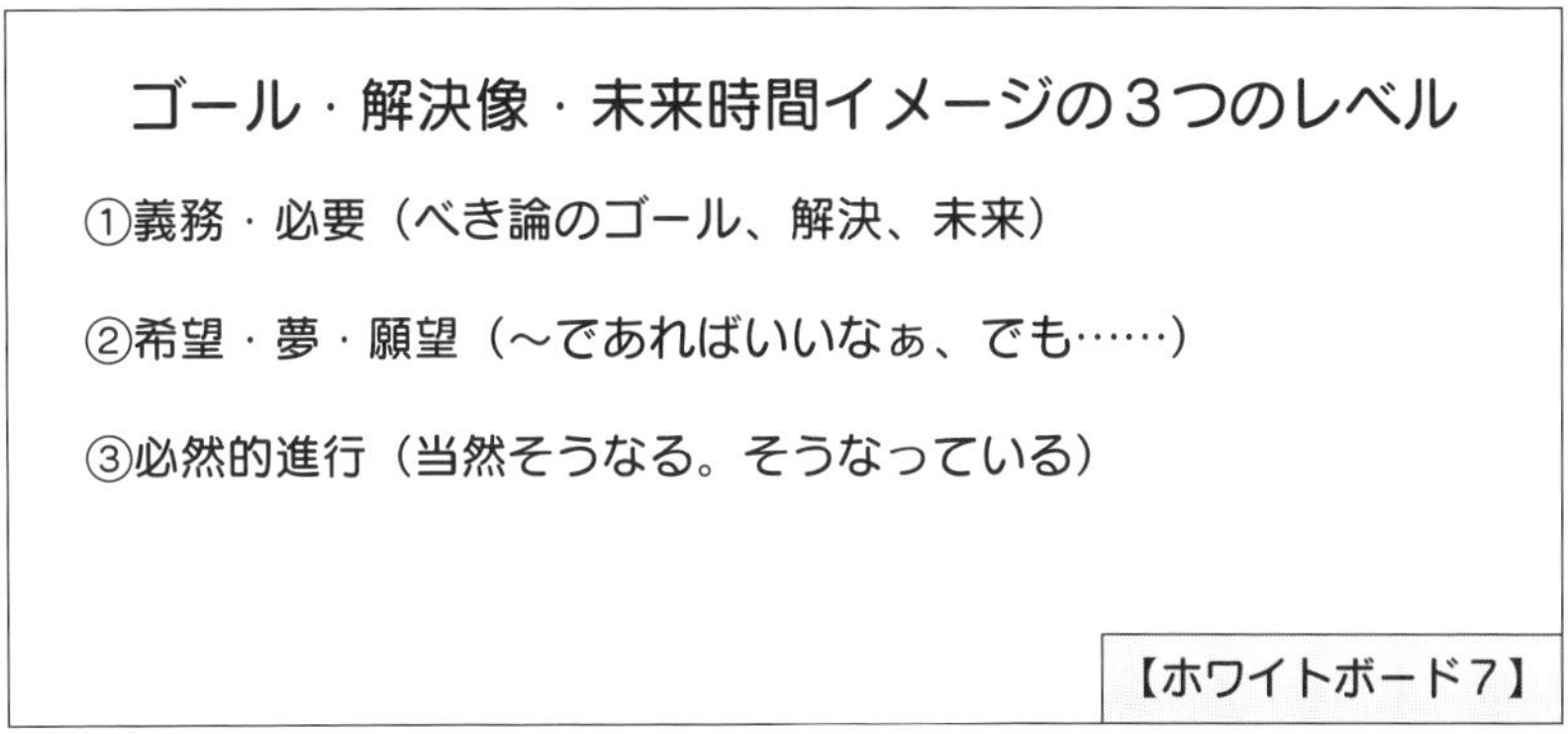

ゴール・解決像・未来時間イメージの３つのレベル
①義務・必要（べき論のゴール、解決、未来）
②希望・夢・願望（～であればいいなぁ、でも……）
③必然的進行（当然そうなる。そうなっている）
【ホワイトボード７】

そして、未来というのは今、刻々とつくられているのです。と言っても、ちょっとわかりにくいですよね。具体例をあげて説明します。

さて、皆さんの中で、今晩、ブラジルに向けて出発する人、いらっしゃいませんか？

唐突な質問ですね。あきれている人もいると思いますが、皆さんブラジルに行けますよ、今晩。パスポートを持っていない方は、今晩行くのはちょっと難しいですが、最近はパスポートなんてすぐ取れますから、二週間のあいだには、皆さんはブラジルに行くことができます。

でも、今、私が「ブラジルに行く」という言葉を使う一秒前に、今晩あるいは二週間以内に自分はブラジルに発つという未来時間イメージを持っていらっしゃった方は、おそらく一人もいらっしゃらなかったでしょう。

で、そういう未来時間イメージがなかった人は、やっぱりブラジルには行けないんですよ。だって、そういう未来時間のオプションがないのですから。

人間は、過去から現在の流れの直線上に、未来時間を想定するものです。ですから、ブラジルに行くという発想が出てこないのは当然と言えば当然です。

大切なところですので、もうちょっと解説していきましょう。

森「今日は、このあと、どうされます？」

参加者「このあとですか……。ちょっとショッピングをします」

森「ショッピングをしますね。それから？」

参加者「ショッピングをしてから、スイミングクラブに寄って帰ります」

森「スイミングクラブ。それから？」

参加者「それから家で……」
森「家にはだいたい何時ごろ着く予定ですか」
参加者「八時くらい」
森「八時くらい。それから？」
参加者「で、娘と主人は食事はすんでいるでしょうから、そのあと一緒にデザートを食べます」
森「何時ごろ寝るんでしょうね」
参加者「一二時過ぎごろ」
森「一二時過ぎですね。はい、ありがとうございました」
この方の、今日このあとから寝るまでの未来は、おそらくこのとおりになるでしょう。よほど突発的なことが起こらないかぎり、このとおりの未来が起こります。でも、この方の今晩の過ごし方は、無数にあるのです。別に家で今晩寝なくてもかまいません。ご実家に泊まられてもいいですし、ホテルや温泉に行かれてもいいでしょう。あるいは新宿に行って、ホームレスの方たちと一緒に段ボールの中で一晩過ごすこともできます。そしてそれは、とてもいい体験になるでしょう。こんなことですら、私が話すまでは起こり得なかったのです。
人間は、過去から現在の時間の流れの延長線上に未来時間イメージを抱き、それはほとんど一本道で、そのイメージにとらわれて生きている。そのことをわかっていただけましたでしょうか。現在の自分の行動を拘束している最大のものは、自分の持っている未来時間イメージなのです。この枠というのは、ものすごい力を持っています。

もし、非常に悲惨な未来時間イメージを持っている患者さんがいたとしたら、セラピストとしての私の仕事は、「こういう未来時間オプションもありますよ」と、それが増えるようなかかわりをしていくことです。

［黒沢］クライエントが、ゴールについて語ったときに、それは第一水準で言っているのか、第二水準で言っているのか、第三水準で言っているのか、慣れるまでは、意識して分類する努力をしてみてください。そして、できれば第三水準まで、ゴールの水準をアップするようにもっていってください。

［森］私たちは、ゴールの水準については、しつこいくらいに確認します。

たとえば、「僕、学校、行きたいんですよ」と言ったとします。言語レベルでは、いちおう第二水準の「希望」で語っています。でももしかしたら、第一水準の「義務」から発せられた言葉かもしれません。そんなときは、「本当に行きたいの？　お母さんは学校に行くことを望んでいるよね。お父さんも、先生も望んでいる。クラスのみんなも、君が学校に出てくるのを望んでいるだろう。みんなが望んでいるから、行かなきゃまずいという気持ちなのかな？」というようなことを、しつこく聞いてみたほうがいいです。

「僕は明日、学校へ行くよ」と第三水準「必然的進行」で言ったとします。そんな場合、「本当に君は明日、朝起きたら学校へ行くと思う？」と、もう一度たたみかけて聞いてみる。「うん、大丈夫だよ。僕は行ける」。「何で？」とさらに食い下がってもいいかもしれません。それで本当に第三水準でイメージされていることが確認されたならば、そこではじめて、「じゃあ、明日、学校で先生は待ってるよ。どこかで待ち合わせするかい?」というような話をしていくのがいいでしょう。ここらへんの、見極めというか、確認をやっていかないと、うまくいかないことが多いです。

もし、第一水準であったときは、「そうしなければいけないとわかっているんだね。すごい。で、君はどうしたいんだい」と第二水準の話をしていく。それで「どうしたい」「こうなればいい」が出てきたら、「実際、どうだろうね、君の感じとしては。確かなことはわからないだろうけれども、今の君の感じとして、明日、どうなると思う?」と第三水準の話にしていく。ゴールの話をしていくうえで、こういう過程がすごく大事なのです。

ゴールを達成して成功体験を積んでもらう

[黒沢]　先ほども申し上げましたが、援助の基本は、「成功体験」を与えることだと思います。子どもたちに自信を持ってほしいのです。でも、私たちがポンと、何かプレゼントをあげるように自信を与えることはできません。その子がやれてはじめて自信というのはついていきます。三つの条件を満たした良いゴールというのは、達成しやすいゴールなのです。

[森]　「面接で、あんなにいろいろ話し合って、君は『明日、学校に行きます』って約束したよね。それなのに来なかった。どうして来られなかったの」と、子どもを責めてしまったり、がっか

りしてしまう人がいます。でもそれは、その子の言っているゴールが、まだ義務の水準や希望の水準でしかなかったからでしょう。

ですから、もしその子が学校に来られなかったら、謝るのはこっちです。「ごめん。もっと適切なゴールをつくってあげられたらよかったんだよね。失敗させちゃって、ごめんね」と。その子にとって、学校に行くというゴールは、まだ大きすぎるゴールだったのです。もっと手前の、もっと小さな、たとえば「一時間早く起きる」くらいのゴールにすればよかったのかもしれません。クライエントがゴールを達成できなかった場合は、良いゴールにするためのシェイプアップが足りなかったんだと考えるようにしましょう。

「必然的進行」を引き出す「タイムマシン・クエスチョン」

［黒沢］「必然的進行」のゴールが設定できたとき、子どもたちはびっくりするような変化をプレゼントしてくれることがあります。そんな変化を引き出す「どうなっていると思う?」ということを聞くのに、私は「タイムマシンに乗って見に行こう」という言い方をすることがあります。子どもたちって、ファンタジックな話が好きです。

たとえば、一五、六歳で、いわゆる非行傾向のある女子生徒に、「ちょっと一緒に、こんなこと考えてみてくれる?」と言って、「あなたが二〇歳になったときにタイムマシンで飛んでいけるとして、一緒に見に行こうよ。悪いけど私を隣に乗せてくれる? 二〇歳のある日、あなたは何しているかな。よく見えなかったら、タイムマシンの高度を下げて、よく見えるようにしようか。双眼鏡でのぞいてもいいよ。ほら、あそこに、あなたが歩いているみたいじゃない。どんな格好してる？　どんな雰囲気で、どんな髪型をして、どんなお化粧しているのかしら。隣に彼氏はいるかな。ずいぶんまわりに人がいるね。何だろう。バイトなのかな、それとも学校？　えっ、大学生やってるの？」と、五感を総動員してイメージをふくらませていきます。

漠然と「二〇歳になったら、大学生をやっていると思う」と答えてもらうのではなく、「こんな顔をして、こんな表情で、こんなファッションで、こんな雰囲気で、こんなことをしている」ということを、ありありと語ってもらいます。ビデオトークと呼ばれますが、スクリーンに映し出されている、その映像を見ているかのように語ってもらうのです。

ここで、語ってくれたことに対して、「えっ、大学生になっている？　だったら今、どうしなければいけないの」というふうに、「ねばならない」ですぐに返していくのはあまりいい方法ではありません。お説教モードになってしまいます。そうではなく、「そうか、大学生になっているんだ。ふーん。じゃあ、いつまで遊ぶ？」というふうに、「今の状態はいつまで続くんだろうね」ということを聞いていったほうがいいでしょう。そうしますと、「うーん、こんなこと、高二の終わりまでにしようと思ってる」などと言い出します。「えっ、そんなに早くこの楽しい遊びをやめてしまうの？」と、逆にとぼけた対応をしたりもします。

そして夏休み明け、「高二の終わりまで」などと言っていた子が、予定よりずいぶん早く遊びに一区切りつけて、すっかり外見も変えて登校してきて周囲を驚かせる。私はそんな経験を何度かしております。

［森］　次の〈ステップ3〉「解決に向けての有効な質問」で、ミラクル・クエスチョンというのが出てきます。奇跡が起こった翌日の話をしてもらうのですが、黒沢先生のタイムマシン・クエスチョンはそれにも通じています。

ところで黒沢先生は、「いつまで遊ぶ?」などと聞いていますが、「そんなに任せておいて大丈夫なのでしょうか。クライエントはちゃんとしたゴールがつくれるのでしょうか。とんでもないゴールが出てくるんじゃないでしょうか」という質問をしばしば受けます。そういうふうに感じる気持ちは大変よくわかります。ただそれは、〈発想の前提4〉「クライエントは、彼らの問題解決のためのリソース（資源・資質）を持っている。クライエントが、（彼らの）解決のエキスパート（専門家）である」ということへの信仰が足りないようです。

また、ゴールや解決像は、クライエントの中から引き出し、一緒につくりあげていくものです。決して、こちらから与えるものではありません。このことをもう一度ご確認ください。

〈ステップ3〉解決に向けての有効な質問

①ミラクル・クエスチョン

さて、〈ステップ3〉「解決に向けての有効な質問」に入ります。全部で五つご紹介しますが、そのトップバッターはミラクル・クエスチョンです。それは【ホワイトボード8】に掲げたような質問です。じっくり読んでみてください。

「眠っているあいだに奇跡が起こり、解決が起こっている。そうすると翌日は（要するに解決したあとの一日は）どんな様子をしているのか」。これがミラクル・クエスチョンの骨子です。初めてこの質問にふれる方は、「なんじゃ、これは」と、相当変な印象を持たれるかもしれません。

この質問は、＜ステップ2＞「ゴールについての話し合い」で使われる質問であると同時に、＜ステップ3＞「解決に向けての有効な質問」であり、解決像＝ソリューション・イメージを引き出すための質問になるわけです。

【ホワイトボード9】をご覧ください。クライエントはAの「現在」のところにいるわけですが、それを「Bのところの状態って、いった

ミラクル・クエスチョン

“Suppose that one night, while you were asleep, there was a miracle and this problem was solved. How would you know? What would be different? How will your family know without your saying a word to them about it? ”

(Steve de Shazer, 1988)

「ちょっと、想像してみてください。ある晩、あなたが眠りについているあいだに……奇跡が起こり……そして、あなたの問題が解決してしまったとします。さて、眠っているあいだに奇跡が起こったことを、あなたはどのようにして知るのでしょう？　何が違っているのでしょう？　何も知らないあなたのご家族は、そのことをどのようにして知るのでしょう？」

【ホワイトボード8】

解決に向けての有効な質問

①ミラクル・クエスチョン
- 解決像を構築する
- 視覚・聴覚・体感覚など五感をフルに使って、リアルな解決像を構築する
- 差異を見つける

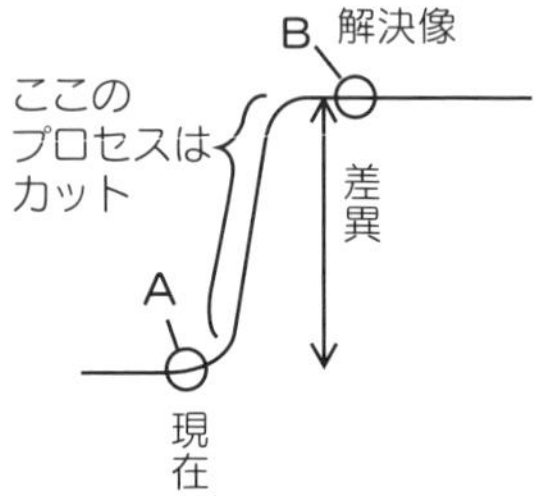

②「例外」探しの質問
- 「例外」＝既に起こっている解決の一部
- 事実を具体的に聞く

③スケーリング・クエスチョン
- 差異を見つけることがとても大事

④治療前変化を見つける質問

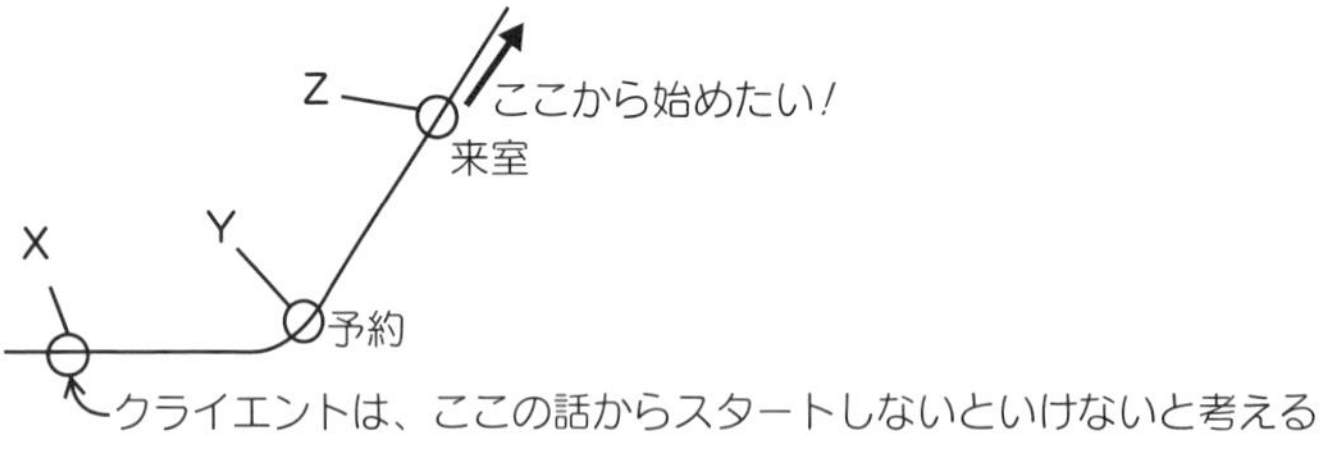

⑤コーピング・クエスチョン（サバイバル・クエスチョン）
- コンプリメントとセットで

【ホワイトボード9】

いどんな状態？」と聞いていく質問です。ＡからＢまでの変化のプロセスはカットしてしまいます。眠っているあいだに奇跡が全部解決してくれるのです。勝手に治っちゃう。で、目が覚めたら、Ｂのところにいる。

先ほどの黒沢先生の「タイムマシンに乗って二〇歳のあなたを見に行きましょう。二〇歳のあなたって何をやってますか？」という質問も、変化へのプロセスは全部省略して、変化したあとの姿を見に行くという構造です。奇跡という言葉を使わなくても、ミラクル・クエスチョンと似た質問はいろいろとできるのです。皆さんも、ぜひ独自の質問をつくり出してください。

［黒沢］　私は小学生の、特に女の子には、こんな感じにミラクル・クエスチョンをアレンジして使っています。

「今日、あなたが夜、お家に帰って寝るでしょ？　そしたら天使がやって来て、あなたが寝ているあいだに金の粉をパラパラーッとふりかけてくれるのね。そしたら、あなたが今、ここで話してくれた、いろいろな大変なこと、困ったなと思っていることが、全部解決しちゃうの。明日の朝、あなたは目が覚めて、そしたら、どんな一日になると思う？」

こんなふうに、別に奇跡という言葉を使わなくても、ミラクル・クエスチョンの構造さえ頭に入っていれば、いろいろな聞き方ができるのです。

言葉だけではなく、描画でやることもあります。四コマまんがの要領でやることもできます。これは、言葉でうまく自分の気持ちを表現できない状態の方にも合います。特に子どもの中には、描画だと喜んで乗ってくれる子がいます。

「今、どんなことで困っているのか、絵に描いて見せてくれる?」と一つ目のコマに描くことをお願いすると、「すごく怒った顔をした友達が、私のことをたたいて、私はエーンって泣いているの」というシーンを描いた子がいました。絵だけじゃなくて、「バカ」とか「死ね」とかの文字を書き添える子もいます。

私は、「あっそうか。今こういうことが大変なんだね」って、子どものつらさを受け入れながら、今度は私が次のコマに絵を描いていきます。「今晩、夜、寝るよね」「うん」「ベッドに寝るの? お布団に寝るの?」「ベッド」「お母さんと寝るの?」「ううん。一人で」などとその子が寝る状況を具体的に聞きながら描いていきます。そして、「天使がやって来て、あなたのまわりに金の粉をふりかけてくれたのね。そうすると、奇跡みたいなことが起こって、今、ここに描いてくれたいろいろなことが、全部解決してしまっているの」などと話しながら、寝ている子に天使が金の粉をふりかけている絵を描きます。三コマ目に移って、「次の日の朝、あなたは目が覚めるよね」と話しながら目覚めた絵を描き入れ、四コマ目に「そのあと、どんなふうにその日はなってるかな。……絵に描いてみてくれる?」と、子どもに解決像を描いてもらうのです。男の子なら、「ドラえもんがやって来て……」なんて言うときもあります。

いじめを受けていた、ある小学校低学年の女の子は、いじめる子に向かって握手する絵を描き、「もうそんなこと言わないで」って書き添えました。私は、「『もうそんなこと言わないで』って、あなたはきっと言えるようになっているんだね」と話し、「そのために、今、何か少しやれていることがある?」と聞きました。そうすると、「その子じゃないんだけど、ほかの子に、この前、『イヤだ』ってちょっと言えたことがあった」と言うのです。私は「それはすごいね。きっとまた言えそうだね」って返しました。

その子とはたった一回しか会っていないのですが、その後、相手の子がいじわるを言わなくなって、普通に仲良くしているということです。彼女は、絵の中で描いた解決を実現してしまったのです。

［森］　今、黒沢先生がおっしゃったように、ミラクル・クエスチョンの意図というのは解決像＝ソリューション・イメージを構築することです。そして、解決像はできるだけ具体的につくっていきたいのです。

具体的につくるためには、五感をフルに使うことが有効です。見た感じはどんなか。何が聞こえてくるのか。どんな感覚を体に感じているのか。匂いはどんなだろう。摂食障害系のケースの場合ですと味の話が出てくるかもしれません。そういった感覚をフルに使って解決像を語っているうちに、解決像がありありと自分の中で体験される。あるいは、自分の中で体験されるだけでなくて、セラピストとのあいだで「ああこんな感じか、こんな感じか」と、二人で感じ合えるようなものにしていく。

ミルトン・エリクソンは、これを催眠の中でやりました。トランスの状態の中で、「水晶球の中に三か月後のあなたが見えますよ。いったいどんな姿が見えますか」というのを体験してもらうわけです。そしてスティーブ・ディ・シェイザーは「通常の意識下で同じことができるのではないか」と考えたわけです。そこからミラクル・クエスチョンという発想が出てきたのです。トランスの中であろうと、通常の意識下であろうと、解決像を体験するということは、とても大事な治療的な効果が得られるのです。

もう一つミラクル・クエスチョンで大事な作業というのは、「差異」を見つけるということです。たとえば、「今日までは、こうだった。ところが、明日になったら、こうなっている。どこがどういうふうに違うのか」という質問を、どんどん投げかけていきます。

「今まで、こうだったんだよね。それが奇跡が起こった翌日は、どういうふうになっている?」「こういうふうになっている」「ああそうか、ここがこういうふうに違ってくるんだね」というふうに、差異を明確にしていく作業が大事です。

「五感をフルに使って具体的に」と「差異を明確にしていく」の二つのことを頭に描いてミラクル・クエスチョンを展開していってほしいと思います。

［黒沢］ ミラクル・クエスチョンに、すぐに答えられるクライエントなんてほとんどいないということも押さえておく必要があります。だいたい最初は何をたずねられているのかすらよくわからないクライエントがほとんどです。「はあー? 何言ってるんですか?」という驚きの反応です。

ですから、クライエントが答えやすいように、手をかえ品をかえ、いろいろな表現を工夫して、ていねいに問い続けてあげなくてはいけません。

［森］ たとえばこんな感じですすめていきます。

「ちょっと、想像してみてください。今日の夜、あなたが眠っているあいだに奇跡が起きて、あなたの問題を解決してしまったとします。あなたは、明日の朝、目が覚めたときに、どんなことから『あっ、奇跡が起こっちゃった』と気づきますか？」

「えっ？・？」

「なかには、目を覚ました瞬間に気づく人もいます。朝、目が覚めて、パッと時計を見たら六時半。『あれっ、どうしちゃったんだろう？　いつもは八時半にならないと目が覚めないのに、六時半に目が覚めちゃった』。これでもう昨日とは違うから、何か起こったのかなと気づく人もいます。

あるいは、いつもだったら目が覚めても体が重くてベッドから起き上がれない。『しんどいなあ。疲れが取れてないなあ。もうちょっと寝よう』と、またふとんをかぶってしまうのに、奇跡が起こった翌日の朝は、目が覚めると『あっ、小鳥がないている。いい天気だなあ』と、すぐにベッドから起き出してカーテンを開け、窓の外を眺める。こういうことから奇跡が起こったことがわかる人もいます。

あなたの場合はどうでしょう。目が覚めたときに、奇跡が起こったことにもう気がつくと思いますす？　それとも、そこでは、まだわからないですか？」

このへんまでくると、クライエントはだんだん何をたずねられているのかわかってきます。

「うーん、朝起きてすぐは、まだわからないと思います」と答えるかもしれません。

「そうかそうか。そうすると、いつもだったらどうしてますか？　朝起きて、それから何をするんですか？・」

「顔を洗いに行きますけど……」

「顔を洗いに行くわけですね。パジャマのままで？　着替えてから？」

「とりあえずパジャマのままで洗面所に行って、顔を洗います」

「あなたの部屋はどこにあるの？」

「私の部屋は二階にあります」

「洗面所はどこにあるの？」

「一階です。お風呂場の前」

「そうすると、二階から階段でトコトコとおりていって、洗面所で顔を洗うんですね？」

「はい、そうです」

「目が覚めたときには、まだ奇跡が起こったことには気がつかないということでしたが、洗面所に行くまでのあいだに、奇跡が起こったことに気がつくと思いますか？」

ここで、「もしかしたら気がつくかもしれません」と答える人がけっこう多くいます。

「ほう、どんなことから気がつきます？」

「階段をおりていくと、台所があるんですが、いつもそこでお母さんが朝の食事のしたくをしています。私は今、あまりお母さんと話したくないんです。学校に行ってないし、いろいろと言われるのは嫌だし、すぐに洗面所に行くようにしてます。でも、奇跡が起きた翌朝だったら、もしかしたら廊下を歩いていって、私のほうからお母さんに『おはよう』って声をかけるんじゃないかな」

「あなたが、『おはよう』とお母さんに声をかけた。そうすると、お母さんはどうすると思います?」(「そうすると、どうなる?」「それから?」という質問は、ミラクル・クエスチョンを展開していくうえで頻繁に出てくる質問です。)

「ちょっとびっくりするでしょうね。今まで私はそんなことしたことないから、ハッ!とかびっくりして、でもお母さんは『あっ、おはよう』って、たぶん笑顔であいさつを返してくれるんじゃないかな」

「ああそうか、そうか。それで、それからどうなるかな? そういうふうにお母さんに言われたら、あなたはどうするんだろう」

「うーん。もしかしたら、『手伝おうか』って言うかもしれない。で、私がそう言ったら、お母さんは、『いいの? じゃあ、このお皿を運んで』って言って、一緒に台所に入って朝食の準備を始めるかもしれない。だから……もし奇跡が起こったら、私、起きてすぐに顔を洗いには行かないかもしれない。まず朝食の準備をお母さんと一緒にして、それがだいたい済んでから、洗面所に行くという感じになるのかなあ」

「そのとき、ほかの家族はどうしているの?」

「お父さんは新聞を読んでる」

「奇跡が起こった翌朝は、お父さんに対して、あなたはどうしてますか?」

こんな感じで、話をどんどん展開していくわけです。

［黒沢］　こんな方もいました。

「本当にすごい奇跡が起こって、気分がいい日があったら、『やっぱり朝の食卓には花が添えられているよね』って言って、一輪ざしに何か花を生けます」

どんどん話を具体的に展開していきます。

「へえ、それは何の花なんだろう？　その花はどんな匂いがするのかなあ？」

こんなふうに匂いに話をふってみるのもいいです。人によって感覚の優れている部位があります。聴覚が優れている人もいれば、視覚に優れている人もいるし、体感覚に優れている人もいます。匂いや味覚系が得意な人もいます。これらはすべてリソースです。その人の持っている感覚の中で得意なところを使いながら、解決像＝ソリューション・イメージを実感のあるものにしていくのです。

タイムマシーンの話のところでビデオトークについてふれましたが、「どんな表情で、どんな格好をして、どんな様子で」といった具合に、こちらも頭の中でビデオを見ているように聞いていくのもいい方法です。ビデオからは匂いがしないのは残念ですが、頭の中でビデオを見ていると、「この部分がまだ見えないな」と、不足している部分がよくわかります。

「具体的に聞いていく」と言われても、それがどういうことなのかよくわからない場合もあるでしょう。そんなときに、ビデオトークという言葉を頭の片隅に置いておくと、どういう質問をしたらいいのかのヒントになるかもしれません。

先ほどのミルトン・エリクソンの水晶球の例とも似ていますね。私はエリクソンの水晶球の話を知る前からスクリーンに映すというやり方をしていたのですが、こういうやり方はイメージが浮かびやすく、また「外に出して一緒に眺める」という作業に伴う副産物もたくさんあるのです。

［森］　奇跡が起こった情景を詳細につくりあげていくわけですから、時間がかかります。朝、目覚めのときから、どんなふうに顔を洗い、どんなふうに朝食を食べて、どんな服にどんなふうに着替えて、どんなふうに玄関を出ていくのだろう。学校に着くまでの通学途中はどんなふうになっているのだろう。校門はどんな感じでくぐるのだろう。そして教室にはどんなふうに入っていって、教室に入っていったとき、何が起こるのだろう。先生と顔を合わせたときに何が起こるのだろう。授業中はどんな感じですすんでいくのだろう。そして休み時間は、給食は、午後の時間は、部活は、そして下校。夕食の時間や夕食後はどんなふうに過ごし、そしてどんなふうに眠りにつくのだろう。

こんなふうに、奇跡が起こった翌日のまるまる一日の様子がずっと語られれば最高です。まる一日全部を構築する作業をやっていくと三、四〇分かかるでしょう。これら全部を含めてミラクル・クエスチョンなんです。

ミラクル・クエスチョンを学ばれた方の中には「ただ、奇跡の質問すればいい」と理解される方がいて、「全然うまくいきませんでした」とおっしゃったりします。

［黒沢］「奇跡なんか起こるわけないじゃないと、一笑に付されました」「奇跡が起こって治るんだったら苦労してないって、言われちゃいました」などと言ってこられる方が時々いますよね。

［森］　そういうクライエントの反応は当然の反応です。だって、ミラクル・クエスチョンって変な

質問だもの。だから、「そうだよね。変だよね。そんなことが起こっちゃえば、確かに悩んでないよね。でも、どうなんだろう。もし起こったとしたら……」と食いさがるわけです。

［黒沢］「ちょっと考えてみてください。今まで一度もこんなこと考えてみたことなかったでしょう。だから、一回考えてみましょう」と粘ります。

自分で言うのもなんですが、私はミラクル・クエスチョンをほとんど外したことがありません。ミラクル・クエスチョンを使うと、予想以上に劇的な変化や治癒が起こることが多いと感じています。

一つケースをご紹介します。ある企業に勤める五〇歳ほどの男性の方で、奥さんに翌日の夕食のメニューをリクエストすることで、六年間のパニック発作と不安症状がすっかり取れてしまったという症例です。

その方は神経科に六年間かかっていらっしゃいました。たまたま主治医がしばらく休診したため、私のところにみえました。ですから、神経科の主治医にもう既にいろいろな話をしてきているわけです。今さら私がそれらを聞いても仕方がないと思いましたので、ラポールがついたところで、「せっかく私のところにいらっしゃったので、ちょっと変な質問をしてもいいですか」とすぐにミラクル・クエスチョンに入りました。

「もし奇跡が起こって、今お悩みになっていらっしゃることが全部、一晩にして解決したら、次の日の朝、奇跡が起こったことはどんなことからわかるでしょうか。翌日の様子は、どんなふうに今までと違っているでしょうか」

ほぼオーソドックスな台詞でうかがいました。

「へぇー、この状態が全部解決しちゃったらですか。いやー、うーん、どうなるんだろう。うーん……あー……」

この方は、しばらく「うーん」とか「あー」とか言いながら考えてくださいました。

「すみませんね、変な質問で。でも、ちょっと考えてみてください。だって『この症状がなければどんなにいいのに』って、ずっと思ってこられたわけですよね。だから、もしこの状態がなくなったら、解決してしまったら、どんなふうな一日を過ごされるんでしょうね？」

なかなかイメージがふくらんでいきませんので、朝からの状況について一つ一つ、「たとえば、朝起きたときから違いますか？」とか「会社でのお仕事ぶりが違われますか？」など、「何が今と違うのか」について思いをめぐらせることのできる質問をして、じっくりとお聞きしました。そうすると、その方は意外なことを言い出しました。

「僕は昔から、こんな症状がないときから、朝シャキッとしていないタイプだから、朝は今と大差ないと思います。会社に間に合うように起きて、ご飯を食べて出勤する。それはそんなに変わらない」

「そうですか。会社での様子が違っているんでしょうか？」

「うーん、まあいろいろねえ。でも長年この症状でも会社では何とかちゃんとやってますから、奇跡が起こったとしても、会社じゃそんなに変わらないなあ」

「何も変わらないんだったら、別に治らなくてもいいじゃないですか！」って、つっこみを入れて笑いをとったりしながら（これは黒沢流です。あしからず）、「では、会社が終わって、お宅に帰られたとします」と話をふると、「あっ、家に帰ってからの様子は違うかもしれない」とおっしゃいました。

「会社にいるあいだ、仕事で疲れるし、症状が出るんじゃないかと緊張しているから、家に帰ると心理的にもうクタクタなんです。クタクタで帰ってきて、でも妻は、子どものことやらなにやら、いっぱい相談したくて私のことを待っています。頑張って元気そうにしていると、『今日はこの人、元気だわ、大丈夫!』と思うらしく、私が聞きたくないような近所の奥さんの悪口から、子どもが学校でどうしたこうしたという話から、ワーッと話し出すんです。だから、『今日もやっぱり疲れている』という顔をして帰るんですよ(笑い)。うつむいて、もう自分の体のことで精一杯なんだという雰囲気でいるんです。

でも、本当に症状が全部解決していたら、疲れ方も気分も違うだろうから、家に着いたら妻と目を合わせて、『あっ、ただいま』とか言うだろうなあ。そうしたら妻は、『あら、元気だわ』ってきっと思うだろうから、いろいろ話しかけてくると思います。それをうるさいなと思わないで、『ああ、そういうことがあったんだ』とか言って妻の話を聞きながら、着替えたりするでしょう。妻は、いつも私のことをすごく心配してくれていて、『お茶飲む?』とか『ビール飲む?』とか言ってくれるので、『ああ、じゃ頼むよ』って、気持ちよく妻のサービスが受けられるだろうと思います」

その方は、こんなふうにおっしゃいました。そして、私が「それから……?」「ほかには……?」って聞いていきますと、「うーん、子どもが寝たあとに、ビールでも飲みながら、妻とゆっくり話をするかもしれません。昔、自分に余裕があったときは、時々そういうことをして、それはそれで夫婦ですから楽しいんですよ」とおっしゃり、それからいろいろなことを話してくださいました。

企業のカウンセリング室の面接では時間が限られています。残り時間が少なくなってきたので、私は「今日、お話になったことの中で、何か一つ、今までと違ったことを始めるとしたら、どんなことが始められると思いますか?」と問いかけました。中心哲学の〈ルール3〉「もしうまくいかないのであれば、(何でもいいから)違うことをせよ」ですね。こちらから「これやってみたら、どうですか?」と言うときもありますが、この方は何かご本人の中でいろいろなことが起こっていると感じられたので聞いてみました。ただ、「大きな目標はやめてくださいね。それとあと抽象的なやつ。『奥さんをもっと愛するようにする』とか、そういうのはやめてください(笑い)。具体的で、こんなに、こんなに、こーんなに小っちゃいことで、でも、次に私と会う二週間後までのあいだにできること。で、今までやっていなかったことで、絶対に失敗しないこと。何かありますか?」と、良いゴールのための条件を付け加えて聞きました。この方には、ここで失敗してほしくなかったのです。

この方は、「うーん……うーん……」と考えられて、「妻に翌日、何を食べたいか言うのならできると思います」とおっしゃったのです。私が「エッ?」という顔をすると、「妻は『何が食べたいの?』ってよく聞いてくるんです。でも、いつも気持ちが沈んでて、あれが食べたい、これが食べたいという気にならないんで、『何でもいいよ。適当にやってくれ』って答えるんです。そうすると、『張り合いがないわね』ってがっかりされるんですよ」と説明してくださいました。

そして、二週間後。その方は、「『明日は、おまえの得意なハンバーグが食べたいな』とか、『明日はちょっとサッパリしたものがいいな。そうだ、刺身がいいな』とか、そんなふうに毎日言ってあげたら、妻は『わかった〜』って言って、すごく元気になって、前ほどグダグダ言ってこなくなったんですよ」と報告してくださいました。そして、「今日、黒沢先生のところに来て初めて気がついたんですけれども、振り返ってみたら、この二週間はあの嫌な症状がありません。おれ、どうなっちゃったんでしょうね」っておっしゃるんです。

私はそのとき、神経科医が六年ものあいだ、二週間に一度きちんとかかわってこられた患者さんを治そうなんて考えはありませんでした。ミラクル・クエスチョンをして、解決像をイメージしていただいて、小さなゴールをつくる。そんなかかわりをしただけです。少し違ったことをしてみただけなのです。それをきっかけに、ドミノ倒しの最初の一枚が倒され、そして、その方自身の中でパタパタパタパタってドミノがどんどん倒れ、何かがスーッとうまく流れだして症状がなくなったのです。その後、その方とお会いする機会が何度かありましたけれど、それはみな知人のためのことで、ご本人は「元気にやってますよ」と、自分の症状については全然語られませんでした。

［森］　今の黒沢先生のケースのように、ミラクル・クエスチョンで解決像を思い描いてもらった後に、そこを起点にゴール・セッティングしていくとよいでしょう。先ほども申し上げましたが、ミラクル・クエスチョンで語られた状況は「北極星」なわけです。「そうか、こっちの方向なんだ」ということです。そちらの方向をめざして、「じゃあ、とりあえずできることは何

なんだろう」と「電信柱」を探していくのです。

［黒沢］インスー・キム・バーグは、ミラクル・クエスチョンを末期がんの告知を受け、命があと幾ばくもないことがわかっている患者さんにも使うとおっしゃっています。そのとき、患者さんたちは「がんが完治する」といった答えを返してくるわけではないと言います。「過去にいろいろなことがあって、ずっと会えないでいる人がいるのだけど、その人に会いに行き、ありがとうと言って、その人と抱きしめ合っているだろう」という奇跡を語るそうです。こちらが、「末期がんの人に『奇跡が起こったら……』って聞くのは失礼じゃないか？」とか「残酷じゃないか」と思うとしたら、それはまだまだクライエントの力を信じていないからだとインスーはおっしゃっています。

そして、ミラクル・クエスチョンは一人に一回使ったら終わりというものでもありません。たとえば、私がスクールカウンセラーとしてかかわっていた高校生で、トゥレット症候群という全身性チックの女の子がいました。とてもかわいらしく明るい子ですが、全身性チックで椅子から跳びはねるほどのチックが起こります。そのことでなかなか自信が持てない状態でした。彼女は「また、こんなことでうまくいかなくなっちゃったよ、先生」と言って、二か月に一度くらい相談室に来ていました。ミラクル・クエスチョンは、もうその子にはお馴染みなんです。でも私は、「何回も奇跡あげちゃうからね」と言って、彼女が問題をかかえて相談に来るたびに、「奇跡が起こったとして、どうなっていると思う？」と聞くんです。そうすると、彼女は毎回、「うーん……」って考えてくれました。

ある日、泣きながらやって来て、「チックを呪いたい。勉強にも集中できない、友達関係も狭くなっちゃう。チックのせいで、私の人生はだめになってる」と訴えたことがありました。私はまた、「今、あなたが感じている問題がすべて、奇跡が起こって解決したとしたら」ということを根気よく聞きました。なぜなら、彼女の中に力があると信じられたからです。

彼女はそれまで自分の成績が低迷しているのはチックのせいだと考えていました。「奇跡が起こってチックがなくなったら、どんなふうに勉強に取り組めているのかな？」と私はうながしました。ところが、このときミラクル・クエスチョンのあとで、彼女は「私、もしかしたらチックの症状がなくても、ちゃんと勉強してないかもしれない。私はチックのせいで勉強ができないと思ってきたけれど、本当は努力することから逃げる言いわけで、チックとは関係ない部分もあるように感じる」と言い出したのです。「では、それを考えていこう」ということで、勉強の努力について漢字の練習をノートに何枚やるというくらい小さくて具体的なことをゴールにして始めることになりました。彼女は、ミラクル・クエスチョンを通して、「勉強をやるかやらないかは、チックとは関係ない」と気づいたのです。

ミラクル・クエスチョンによって、こちらが予想もしない、しかもクライエントにとってもっと適切な解決が展開することが本当に多くあります。このような場面に多く出会っていくと、クライエントの力を信じることの大切さがよくわかります。

［森］「ミラクル・クエスチョンをどのタイミングで出せばいいのか」という質問もよく受けます。そのタイミングは、最初にクライエントが今の自分の問題について語り、そしてたいてい

一息つくときというのがありますよね。「だいたいこんな感じです。おわかりいただけましたでしょうか」という感じの言葉が出るときです。基本的にはこの直後に、「わかりました。これこれこういう感じなんですね。ところで、今日これからお家に帰られて、眠りについて、明日、目が覚めるまでに奇跡が起こって……」というタイミングです。したがって、きわめて唐突に始まります。

放っておいても話の流れが解決に向かっていっていると感じられているのであれば、その流れを邪魔することはありませんから、「ミラクル・クエスチョンを必ず使わなければいけない」ということではないと、私たちは考えています。

ミラクル・クエスチョンは流れを止めてしまう質問です。クライエントが問題や原因にこだわり、話がそっちのほうでグルグル、グルグル回り、ずっとしゃべり続けている。ああだ、こうだ、ああだ、こうだって。私は、そのような話を聞き続けていると眠くなってきます。しばらくは、ジーッとタイミングを待ちながら聞いていますが、頃合いを見はからって、「ところで、今日は何時に寝られるんですか？　そして明日は何時に起きられますか？」と聞きます。

たとえば「一二時過ぎに寝て、明日は六時半に起きます」と答えが返ってきたとしたら、「充分ですか、そのくらいで睡眠は？」「ええ、まあ何とかやってます」ときて、「その六時間半のあいだに奇跡が起こって……」と入ります。この瞬間に、今までしゃべり続けていたクライエントは「何じゃ？」と、ピタッと話が止まります。「流れを切りたいときにはミラクル・クエスチョン」という感じで覚えていただければいいと思います。

②「例外」探しの質問

［森］　さて、解決に向けての有効な質問の二番目は、『「例外」探しの質問』です。「例外」の定義については、先ほどちらっとふれましたが、もう一度しっかり押さえておきましょう。

『例外』とは、既に起こっている解決の一部である

「解決は既に起こっている」のです。解決を、まったく何もないところからつくっていくのではなくて、それはまだ小さなかけらかもしれないけれども、既にそれはある。ただ、それは小さなかけらですから見逃されていることも多いでしょう。だから、それを探していく。「あっ、ここにかけらが落ちていますね」という具合に例外を見つけていって、その面積や体積がどんどん増えていけばいいわけです。例外がどんどん拡大していき、それが日常生活のかなりの部分を覆うようになって、もはや例外とは呼べなくなる状態になること。これこそが治療の目標です。

無から有を生み出すのは無理です。ゼロにいくつかけてもゼロです。でも、かけらでもあれば、そこからどんどん広げていくことが可能となります。だから、かけらを見つける作業がとても大事になってくるのです。

クライエントは問題に巻き込まれていますから、「私は二四時間、三六五日、ずっと問題の中にいる」と感じているものです。

たとえば、三年間、不眠症が続いている患者さんが、私のところに来たとします。「三年間、不眠症なんです。全然、眠れません。どんどんお薬が増えていってるけど、それでもだめなんです。どうやったら眠れるようになるでしょうか」とおっしゃる。この不眠症の患者さんは、三年間、つまり千日を超える毎日、眠れなかったという感覚でいます。でも、そんなことがあるわけがないのです。三年間寝てなければ、あなた死んでます。私の前に現れているということは、この人にも寝ているときがあるということです。でもこの不眠症の患者さんにとっては、「三年間、ずっと眠れなかった」という感覚がリアリティなのです。

要するに、この患者さんは「眠れた夜」という例外が見つけられていないのです。私たちの仕事はその例外を探してあげることです。例外探しの質問で一番いいのは「具体的に聞くこと」です。

「じゃあ、月曜日は何時に寝ましたか？　そして何時に起きました？　火曜日は何時に寝ましたか？　何時に起きましたか？　はい水曜日は……」と聞いていく。一週間くらいは深刻な不眠が続くことはありますが、二週間のうちには絶対に寝ているときはあります。事実をきちっと具体的に確認していくことから、例外も見つけられるでしょう。

［黒沢］「うちの子は不登校なんです。ずっと学校に行ってないんです」とお母さんが言い、「ああ、ずっと行ってないんですね」と聞き、具体的に確認しないでその話題から離れてしまうと、「ずっと行ってない不登校」としてかかわっていくことになります。こういうときは、「四月の出席日数は何日ですか？」と必ず確認したほうがいいですね。そして、「五月の出席日数は何

日でしたか？　六月の出席日数は何日でしたか？……」と聞いていく。そうすると、「四月の出席日数は四日、五月は七日、六月は一〇日」となって、「ええっ、よくなっているじゃないですか！」とつっこみを入れたくなるようなケースもあります。でも、そういう反応はグッとこらえて、「あっ、出席が増えてきている」とお母さん自身に気づいていただくことのほうが大切です。こちらが「ほらほら、あるじゃないですか」と例外を指摘するよりも。たとえば、「あれっ、ということは？　流れはどうなんでしょう？」と、つぶやくように言う、などという方法もいいでしょう。要するに、解決に向けて有効なものは、「質問」なのです。

先ほど「例外というのは、既に起こっている解決の一部」とちょっと堅い言葉で例外を定義づけしましたが、要するにそれは、「例外的に、うまくいっているとき・うまくやれていること」のことです。とにかくそれをどんどん見つけていきたいのです。何もないところから何かを生み出そうとしているのでも、何もないからこちらから与えようとしているのでもありません。その人が忘れていたり、価値がないと思っていたりしているかもしれませんが、既にあるもので解決に役立つ「かけら」を探すお手伝いをするという発想です。

［**森**］　不登校の子どもが相談に来たときに、相談員さんは、しばしばその子が学校に行ってない日のことをたずねます。「どうして学校に行けないんでしょうね」という話をずっと展開していく。もちろんずっと休んでいる不登校のお子さんもいますが、多くの不登校のお子さんは、たまに学校に行ったりもするのです。解決志向ブリーフセラピーをやっている人間だったら、その「行った日」に焦点を当てて話を進めるでしょう。「行った日」に宝物が埋まっているので

すから。行かなかった日を一生懸命掘り返せば、もしかしたら「どうしたら学校に行けなくなるか」はわかるかもしれません。でも、「どうしたら学校に行けるようになるか」の情報は得られないでしょう。

解決志向ブリーフセラピーをやっている人間は、問題については「なぜ？」という質問をほとんどしません。でも、例外、つまり解決の一部が発見されたら、「なぜでしょうね？」「どうしてでしょうね？」「なんでその日は行けたのでしょうね？」としつこく聞くでしょう。「その前の晩はどんなふうだったんですか？」などと、根掘り葉掘り、まさに宝探しをしていくわけです。

場合によっては、例外が一つ見つかっただけで何年間も続いていた問題や症状が解決することさえあります。私がかかわったケースを一つ紹介しましょう。

斜頸という病気があるのをご存じでしょうか。首が勝手に動いてしまうというヒステリー症状ですけれども、その斜頸が六年以上続いている主婦がいらっしゃいました。お子さんが高校三年生と大学一年生だったかな。それと体の不自由なおばあちゃんが同居されている。おじいちゃんは数年前に亡くなられていて、ご主人とは離婚されている。

彼女は斜頸でずっと苦しんでおられました。斜頸って本当に苦しいんですよ。彼女は洋服に興味があって、自分でお店を持ちたいと考えているくらい洋服のことが大好きなんです。だけど、店員と話すときに首がフーッと、彼女の場合は左側に動いていってしまうので、ブティックなどになかなか行けないのです。美容院にも行けません。髪を切ってもらうため、鏡を前にして一生懸命に首の動きを止めようとしなければならず、それはものすごく疲れる作業だからです。食事をつくるのも大変で、包丁を使っているときなど危なくてしようがない。階段の上り下りも危険だし、電車に乗るのも大変で、外に出る気力を失っておられました。朝もなかなか起きられず、家の中でうつ状態になって毎日を送っておられました。手術もしたし、薬もかなり飲んでいましたが治らない。

で、私のところに来られて四回目の面接のときです。私は前回の面接でミラクル・クエスチョンをしていました。

「その後どうですか？」「どんどん悪くなっているような気がします」という感じで面接が始まりました。

彼女が言う奇跡の一日というのは、朝六時半に起きて、息子さんと娘さんにちゃんとお弁当をつくって持たせてあげて、朝一〇時になったらスーパーマーケットに行って買い物をし、お昼はおばあちゃんにちゃんとお昼ご飯をつくってあげるというものでした。彼女が買い物に行けないため、体の具合の悪いおばあちゃんが買い物に行ってるわけです。彼女は、そのことをすごく悪いなと思っていました。負い目があるものだから、逆におばあちゃんに当たってしまうこともありました。だから、奇跡が起こったら、午後は車椅子を押しておばあちゃんを散歩に連れて行ってあげる。それから、美容院に行ったり、お友達とも会いたいとおっしゃっていました。

私は、「こんなことをおっしゃってましたよね」と奇跡の一日を確認した後で、「完璧にこれと同じような一日はなかったかもしれませんが、この二週間に、これに近いようなことは何も起こらなかったのですか？」とたずねました。彼女はしばらく考えたあと、急に表情がワーッと崩れ、笑い始めたんです。そして、「先生、ありました！　土曜日、あった！」とおっしゃいました。「土曜日、何があったんですか？」とたずねると、次のような話をしてくださいました。

「朝、六時半にパッと目が覚めたんですよ。いつもだったら目は覚めても、またすぐ寝ちゃうんです。ベッドから起きられない。だけど、その日は何だかパッと起きて、洗面所のほうに向かって行ったら、バッタリと息子と会っちゃった。息子はびっくりして『どうしたの？　お母さん』って言うんです。それで顔を洗って、朝ご飯をつくってみんなで食べて、『よし一〇時から買い物だ』という感じでスーパーに出かけていってダーッと買い物をして、一一時から生協の宅配の人と一時間くらい打ち合わせをしました。なかなか買い物に行けないから、生協の宅配を頼もうと思って、約束しておいたのです。それから、お昼をおばあちゃんと一緒に食べて、夜の食事の準備を全部したあとにお友達に会いに行きました。その友達は私の一番の親友で、彼女と話をしていると本当に楽になるんです。その日は喫茶店を五軒ハシゴして、家に帰ってきたのは一〇時でした。息子や娘たちに『今日はこうだったんだよ』と話をして、子どもたちには『今日は、お母さん、すごく元気だね』とか言われたんです」

私は「それはすごいですね。ちなみにそれって何年ぶりの一日なんですか？　こんなことしょっちゅうあることじゃないでしょう？　この前あったのはいつですか？」と聞きますと、彼女はジーッと考えだして、「たぶん二年前。二年前のおじいちゃんの三回忌のとき、すごく忙しくて、とても寝てられないと思って、朝早く起きて全部仕事を片づけた日がありました。あれ以来ですね」と言うのです。

「奥さん、失礼ですけれども、私が最初に『その後どうですか?』って聞きましたら、『どんどん悪くなっているような気がします』っておっしゃいましたね。二年に一度あるかないかという、そんなすごい日が三日前にあったにもかかわらず、忘れている。悪いことはいろいろ覚えていたりするけれども、そういうものかもしれませんね。人間って不思議なものですね。

土曜日の出来事は、この前うかがった奇跡の一日の話とほとんど同じですよね。それは奇跡ですよ。起こっているんです。ちなみに奇跡はいつから起こり始めたんでしょうか。前の晩からもう既に奇跡は起こっていたんでしょうか?」

こんな感じで、奇跡が起きる日の前の晩に話を移していきました。

「夕方くらいまでは、いつもの感じでした。『明日、生協の人が来るけど、相手するのは嫌だな』って思っていました。『おばあちゃんやってよ』と言いたかったけど、『でも、しようがない。私が相手をしよう』というふうに思って、それで寝ました」

「寝る前は、何を考えていたんですか?」

「明日は生協の人が来るから、少なくとも八時には起きないと……。それからスーパーが一〇時に開くから一〇時にスーパーに行って……」

こんな感じで、ずっと翌日の「こうして、こうして、こうして」という段取りみたいなものを考えるともなく考えて、そのまま寝たということでした。そしたら六時半に目が覚め、その奇跡の一日が起こったのです。

「なるほど、大事なのはそれですよ。奥さまはまじめな方だから、いつも『何々しなきゃいけない』というような言葉が、たくさんたくさん頭の中に浮かんでいるんですよね。でも、その奇跡の一日が起こった前の日の晩、奥さまの頭の中に浮かんでいたのは、『何々しなきゃいけない』じゃなくて、『こうして、こうして、こうして』という言葉でした。そうすると、そのとおりのことが起こるということでしょうかね」

実際の面接では、このあたりはかなり時間をかけて、一緒に探していったのですが、「義務の言葉ではなく、必然的進行の言葉で翌日の未来時間イメージを構成していた」ということに彼女は気づきました。

私は、「なるほど。じゃあ、『こうして、こうして、こうして』をやっていけばいいわけですかね。まあ試してみましょう。奇跡は三日前に起こっちゃったから、次に起こるのは二年くらい先かもしれませんので、焦らずに試してみるのはいかがですか？　それから、特に奥さんの場合はいいことを忘れる癖がありますから、よく観察しててくださいね。奇跡の一日はすぐには起こらなくても、ちょっといい日はあるかもしれませんので、それを覚えておく癖をつけてください」と述べて、その日の面接は終わりました。

二週間後、彼女は五回目の面接にやって来ました。

「先生、毎日が奇跡です。毎朝、私は六時半に起き、子どもたちのお弁当をつくり、おばあちゃんの介護をし、買い物は全部スーパーでしてます。生協に入って損しちゃった。やっぱり、あの土曜日が発見できたのが大きかったですね。『なんだ、できてる日があるじゃない』とすごく自信になりました」

斜頸が完全に治ったわけではありません。「ちょこっと首が曲がっているなって気になる瞬間はあります」とおっしゃいます。「でも、いいんです。私、明るい斜頸になりました」とおっしゃいました。
　こんな形で終了したケースですが、こういうふうに例外が見つかるだけで解決してしまう場合すらあります。これほど、例外を見つけ、広げていくのは治療で重要なプロセスなんです。

〔黒沢〕　相手の話を聞いているときに、常に「例外は何か?」ということを頭に置いておくと、自然に相手に関心が持てるようになり、自然に質問が出てきます。相手に自然に関心を持つ態度って、面接でとても大切です。
　それと、〈発想の前提4〉「クライエントは、彼らの問題解決のためのリソース（資源・資質）を持っている。クライエントが、（彼らの）解決のエキスパート（専門家）である」が、この「例外探しの質問」でも深く関連し

例外を聞くときに役に立つ質問のパターン

基本は……
Asking questions, not telling them.
話してきかせるのではなく、質問してください

「この問題がほんのちょっとでも良いときのことをお話し願えますか？」

「もっとも最近、そのことが起こったときのことを教えていただけますか？」

「どうやって、それをされたのですか？」（How did you do it?）

ほんの少しでも良いことが起こっているときに、
「あなたはいつもと違う、どんなことをされたんですか？」
「家族や周囲の人は、いつもと違う、どんなことをされたんですか？」

【ホワイトボード10】

ています。クライエントが解決のエキスパートであると信じていれば、当然、解決のかけら＝例外をクライエント自身の中から引き出すような質問をすることになるわけです。

例外を聞くときに役に立つ質問のパターンを【ホワイトボード10】に、インスー・キム・バーグのワークショップで教えてもらった「Asking questions, not telling them.（話してきかせるのではなく、質問してください）」をまとめてみましたのでご覧ください。基本は、「例外を聞くときに役に立つ質問のパターン」です。

まず、「この問題がほんのちょっとでも良いときのことをお話し願えますか？」です。そういうふうに聞くと、「良いときなんて全然ないんですが……あっ、そう言えば、ちょっとこういうことは良かったですね」などと「例外」が発見できたりします。それから、「もっとも最近、そのことが起こったときのことを教えていただけますか？」と、「一番最近起こった例外」につなげていくのです。

そして、その例外はどうして起こったのか、その例外は何をしたから起こったのか、「How did you do it?」と、うまくいっていることの原因探しをする質問をします。解決志向ブリーフセラピーでは、問題の原因探しはしませんが、うまくいっていることや例外の原因は、しつこいくらいに聞いていきます。

そしてもう一つ、差異を聞く質問です。ミラクル・クエスチョンのときにも差異を聞くことを強調しましたけれども、例外を聞く質問でも同じです。ほんの少しでも良いことが起こっているときに、「あなたはいつもと違う、どんなことをされたんですか？」とたずねます。「別に何もそんなに変わったことはしてません」ということであれば、「家族や周囲の人は、いつもと違う、どんなことをされたんですか？」と、まわりの人たちの働きかけの差異を探していきます。

こんなふうに、質問をすることで例外を探したり、質問をすることで見つかった例外を展開・発展させていくのです。


［森］　最後に、「例外には二種類ある」という話をしておきます。

一つは「意図的例外」、そしてもう一つは「偶発的例外」です。意図的例外というのは、「自分がこういうふうに動いたら、こんな例外が発生しました」というふうに、例外が起こるときに自分が関与しているものを言います。偶発的例外というのは自分の関与がなく、勝手に起こっているものや何で起こっているかわからないものを言います。

たとえば、うつの患者さんに「どんな朝だったら気分がいいでしょうか？」と聞いたとき、「朝、目が覚めたときに天気がいいと、わりと落ち込むことなく過ごせますね」と答えられたとします。これは偶発的例外です。天気は自分ではどうすることもできないからです。「前の晩に早く寝たときは、翌朝の目覚めは比較的いいです」ということでしたら意図的例外です。早く寝るという行為が翌朝の気分のよさにつながっているわけですから。

この二つの例外のうち、より欲しいのは意図的例外のほうです。

③スケーリング・クエスチョン

［森］　解決に向けての有効な質問の三番目は「スケーリング・クエスチョン」です。スケーリン

グ・クエスチョンというのは、たとえば、「一番いいときの状態を一〇点として、最悪の状態を〇点としたときに、今、何点ですか？」とか「そのときは何点でしたか？」という質問です。この質問は、単純で使いやすく、効果的ないい質問です。

スケーリング・クエスチョンをすると、「調子が悪い」とか「何か気分が沈む」という漠然とした抽象的な話を具体的な話にもっていけます。さらに、「調子が悪い」を数字で表してみると、クライエントはしばしば「自分はそんなに悪い状態ではない」ことに気づくものです。

たとえば、最悪の状態を〇点として、最高の状態を一〇点とした場合、「何点ですか？」と聞くと、二点、三点という人はよくいますが、〇点と答える人はほとんどいません。話だけ聞いていると「具合が悪い、具合が悪い」って言っている人が、スケーリング・クエスチョンをやってみると「五点です」なんて答えたりすることもあります。そして自分で「五点です」と答えて、「あっ、私は五点なんだ」と気づくのです。「自分はそんなに悪い状態ではないんだ」ということを確認するためにも非常に有効な質問です。

ただこちらは、数字の絶対値にこだわってはいけません。二点だと言われたときに、「あぁ……、二点か……」と落ち込むのではなく、「その二点分って何なの？」という具合に、〇点と二点との差についてたずねるのです。ミラクル・クエスチョンでも例外探しの質問でもそうでしたが、スケーリング・クエスチョンでも「差異に気づく」ということが大事なのです。

たとえば、「昨日は三点で、今日は四点だった」ということになったら、この一点の差に注目します。「昨日は三点で、今日は四点だというと、その一点分ってどこが違うんですか？」と、その差を聞いていくのです。

「今、五点だということですが、じゃあ、六点になったときの状態って、どんな状態ですか?」「あなたは今、五点だよね。もしそれが六点になっているときって、その一点分、今とどこがどういうふうに違っているのかな?」というふうに、スケーリング・クエスチョンはゴール・セッティングの際にも使えます。「良いゴールのための三つの条件」を思い出してください。「大きなものではなく、小さなものであること」「抽象的なものではなく、具体的な、できれば行動の形で記述されていること」「否定形ではなく、肯定形で語られていること」でしたね。スケーリング・クエスチョンを使ってゴール・セッティングをしていくと、この三つの条件を満たしたゴールを引き出しやすいのです。

まず、小さくですから、「今、五点だとしたら、それが一〇点になったときは……」では大きすぎます。五点から六点へ一点増していきます。そして、「どんな違うことが起こっていると思う?」という感じで、具体的に肯定形の答えを引き出していきます。

［黒沢］差異を聞くときに、誤解しがちなことがあります。

ある中学校の先生が、スケーリング・クエスチョンを知って「これは使える」と思い、自分のクラスの生徒全員に、個人面談で「今学期、あなたは一〇点満点で、何点だったと思う?」と聞いたそうです。いろいろな答えが返ってきたわけですが、たとえば「八点です」と答えた生徒に、「じゃあ、あと二点は何が足りないの?」と聞いたそうです。この聞き方は差異を聞いていますが、ちょっと違いますよね。聞く方向が逆です。一〇点のほうから八点を見降ろして聞いてしまっています。解決志向ではなく問題志向になっています。何があるかではなく、何が足りないかに焦点を当てているわけです。

それと、学校の先生の場合、特に気をつけていただきたいのは、先ほど森先生がおっしゃっていた「数字の絶対値にこだわってはいけません」ということです。面接週間などで何人もの子どもたちにスケーリング・クエスチョンをしていくと、どうしても相対評価になりがちです。九点の子がよくて、二点の子がだめということではありません。自分に甘い子が九点だと言って、すごく頑張っている子が自分の内面を見つめて二点だと言っているのかもしれません。

また、ゴール設定をしていく際には、本当に小さく、〇・五点刻みでもいいと思います。五点と答えた子がいたら、五点の内容、つまりその子が既にやれていることを確認しながら、「五・五点の状態って、どんな感じかな？　今と違うどんなことが起こっていると、五・五点になるの？」と、解決の方向に向かって聞いていくのです。

［森］　〇・五点刻みっていいですよね。もう一つ、いつもいいほうを一〇点にするとは限りません。数字が上がっていくことを嫌がる人っているんです。たとえば、「私、あがり症で、緊張するんです」とか「試験恐怖なんです」とか「人前に出ると、もうしゃべれなくて……」という人に、「じゃあ、緊張が解けているときを一〇点として、あがってしまっているときを〇点とすると、そのときは何点くらいでしたか？　それが何点に上がっていけばいいんですか？」というイメージでやるとうまくいきません。そういう症例を見ていると、やっぱり上がっていくのはだめなんです。ですから、「良くなること＝下がっていくこと」という形でスケールをつくってあげたほうがいいわけです。

それと、「何点？」と聞いたとき、「〇点」とか「マイナス何点」と答える人もたまにいます。

［黒沢］　います、います。そういうときにも、めげずにやる。「わお、マイナス三点！　マイナスでくるなんて、賢いね」という感じで絶対にめげない。「マイナス三点が、マイナス二・五点になると、どんなことが変わっている？」と質問していけばいいわけです。マイナスに注目するのではなく、あくまでも差異に注目します。

スケール自体を変更するのもいいかもしれません。「そう、マイナスがないと、今のあなたの感じにうまくフィットしないのね。じゃあ、〇点を中心にしてうまくいっているほうを一〇点、だめなほうをマイナス一〇点として、今は何点くらいかな？」と聞く方法もあります。

［森］　研修会で解決志向ブリーフセラピーの面接の練習をやってもらい、終わった後にクライエント役の人に「セラピストのどの言葉が最も役に立ちましたか？」「どの質問が解決の扉を開かせてくれましたか？」と聞くと、スケーリング・クエスチョンをあげる人がけっこういます。スケーリング・クエスチョンは初心者でもすぐ使えて、非常に効果がありますから、ぜひお試しください。

④治療前変化を見つける質問

［森］　さて、次の質問は、「治療前変化を見つける質問」です。

ＢＦＴＣの調査によりますと、ＢＦＴＣに来訪されるクライエントの三分の二は、予約を取ってから実際に面接に現れるまでのあいだに、もう既に何らかの良い変化が起こっているという結果が出ています。これは私の臨床感覚とほぼ一致する数字です。特に予備校でカウンセラーをやっていたときによく感じました。

予備校ではカウンセリングがこんでいて、予約が取れるのが二週間後とかになってしまうことがありました。二週間も待たすと、「あのときは、ちょっと煮詰まってました。でも、今では何に煮詰まってたのか、忘れちゃったくらいです。もういいです」と言います。「それはよかったね」と、そのまま帰す場合もありますし、「何が良かったか、聞かせてよ」とちょっと聞く場合もありますが、それでも面接は一〇分程度で無事に終わってしまいます。まさに究極のブリーフセラピーですね。セッション回数ゼロですから。

どうしてこんなことが起こるのか、私もいろいろ考えてみました。ちょっとページが戻りますが、【ホワイトボート９】の④を見てください。クライエントは、相談室に予約を入れたり、相談してみようと決めた段階、つまりＹのあたりでもう変化が起こっているのです。そして、その後、よほどこの上昇気流をじゃまするものが起こらないかぎり、Ｚの地点で相談室に来室することとなります。

だいたい、「相談室に行ってみよう」と決意すること自体が、もう「動き」ですよね。クライエントはもう動き出しているのです。

また、クライエントって、相談室に来る前に、ものすごくいろいろなことを考えるものです。だって、どうせいろいろ聞かれることがわかっていますから。「自分の状態や悩みについてどういうふうにカウンセラーに説明すればいいんだろうか」とか、今までのことも当然聞かれると思うから、振り返ったりします。「こう聞かれたら、こう答えよう」と具体的に予習してくるクライエントもいます。そうしているうちに、「あっ、なんだ。だったら、こうすりゃいいじゃん」とか「冷静に考えてみると、大したことじゃないなあ」というところまで進んでしまう人もいるのです。

こんな感じで、治療前変化が多くのクライエントの中に生まれていると推測しております。そこで注意したいのは、効果的で効率的な援助をしたいのだったら、Zの地点から面接を始めようということです。「Zの地点から始めるのなんて、当たり前でしょ」と思う方がいらっしゃるかもしれませんが、意外にXの地点から面接を始めるカウンセラーが多いものです。カウンセラーだけではありません。クライエントも「『もういいんです』なんてカウンセラーに言ったら失礼だ」と思って、本当はZの地点まで来ているのにXの地点の話をしなければいけないと思ったりするものです。そしてXの地点の話をしていくうちに、Xの地点の話にはリアリティがありますから、ドドーンと気持ちが落ち込んでしまったりします。これって、すごく効率が悪いことをやっていますよね。

なまじ分析系の心理療法を勉強していると、「この問題は、もういいんです。わりと良くなってきています」とクライエントが言ったときに、「ん？　治療抵抗か？　どういう防衛機制が働いているんだろう？」などと、「良くなってきた」ことに「問題」の言葉を当ててしまうことがあります。これではこじれてしまいます。本人が「良くなってきたんです」と言えば、「ああ、良かったですね。どんなふうに良くなってきていますか？」というのが普通の対応でしょう。普通にやればいいんです。

まず「治療前変化というものがある」という前提に立って、「どうですか？　予約の電話をいただいてから今日まで、何か変化がありましたか？」と質問してあげる。クライエントが治療前変化を自覚できていない場合はなおさら、そこを聞いてあげなくてはいけない。質問することによって、「あっそうか。一週間前と今日とでは、確かにいろいろなことが違うな」ということにクライエントが気づくことができたりします。

「治療前変化を見つける質問」は、面接の早い時間帯に入れてください。面接の冒頭でもいくらいです。

［黒沢］　学校での相談場面では、面接の予約用紙に記入して申し込むんじゃなくて、廊下ですれ違いざまに「先生、今度、ちょっと相談に乗ってください」と声をかけられることが多いものです。それも一種の予約と考えてください。実際に面接する際には、「このあいだ、廊下ですれ違ったのはいつだったっけ？　あれからどう？」と聞いてみることが大切です。

面接週間の前に一斉に悩み調査をして、一日何人かずつ面接をしていくということが学校ではあると思います。そんなとき、最後の子はずいぶん前に悩み調査用紙を書くことになりますから、その時間差についての配慮が必要です。たとえば二週間前の調査用紙に「こういう友達と今、いろいろ大変なんです」と書いてあるとき、それを前提にして「友達関係が大変なんだよね」と言い出すのではなくて、「このときはこう書いてあったけど、今どう？」という聞き方で入るのがポイントです。解決の状態にまで行っていなくても、何かが動き出していることが多いですから、その動き出していることを取り上げていくことがすごく大事です。

四つの∧発想の前提∨を思い出してください。変化は絶えず起こっており、そして必然なのです。そして、小さな変化は、大きな変化を生み出します。この「治療前変化を見つける質問」でも、それが前提になっています。「変化は必然」というスタンスでいれば、起こっている変化を見逃さずにとらえることができます。だけど、「人って、なかなか変わらないもんだよね」という「言葉のウイルス」に感染していると、この変化を取り逃がしてしまいます。特に子どもたちは、どんどん、毎日毎日、変化しているのです。

⑤コーピング・クエスチョン（サバイバル・クエスチョン）

［森］　最後、五番目の解決に向けての有効な質問は、「コーピング・クエスチョン」、別名「サバイバル・クエスチョン」です。

この質問は、クライエントを囲む状況が悲惨と言ってもいいくらい大変なとき、ポジティブな面を引き出していくのがちょっと困難だとこちらが感じるときにするものです。典型的な質問の形式は、「そんな大変な状況の中で、よく今日まで投げ出さずにやってこられましたね。いったいどうやって生き延びてこられたのか教えていただけますか？」です。

その状況が大変だということにジッと共感し、それを受けとめる。「大変ですよね」ということをちゃんと相手にフィードバックして、「それでも投げ出さずによくやってこられた。いったいどうやって投げ出さずにやってこられたのですか」と、コーピング（coping）、つまり「どうやって対処してきたか」をたずねるのです。「どうやって生き延びてきたか」というたずね方にもなりますから、サバイバル・クエスチョンとも言います。

たとえば、最愛のご主人を亡くされ、お子さんはまだ小学校に行くか行かないかくらいの方がいらっしゃるとします。お葬式が終わって二か月たつけど、ご主人の死から立ち直ることができず、かなり強いうつ状態になっている。ほとんど外出もできず、家で毎日涙する日が続いていて、食事もなかなかとれない、夜も眠れない。そのような奥さまが相談にいらっしゃったとき、さすがの私でも、「ほかに、またすぐいい男ができますよ」とは言えません。こういうときがコーピング・クエスチョンの出番です。

「もうじき二か月となろうとしている中で、食事もとれないというようなことになれば、場合によっては、今こういうことを申し上げるのもなんですが、こんな小っちゃな子どもを抱えて一人ではやっていけないと、子どもを道連れにご主人の後を追ってしまう方だって現実にはいらっしゃるわけです。しかし、奥さまの場合は、とにかく非常に大変な中でも、そういうことはされなかった。これはすごいことだと思います。いや、やったっておかしくないですよ。そういうことを考えたことはございませんか？」

「……それはもちろん、あります……」

「それをどうやって思いとどまったんですか。何がこの二か月のあいだ、奥さまを支えてきたのでしょうか。投げ出してしまおう、もう生きることを諦めてしまおう、ということを防いでくれたもの。それはいけないと思い止まらせてくれたものは、いったい何だったんでしょうか？」

こんな感じで聞いていきます。そして、できていることを明確にしていきます。

「奥さま自身は食事がとれないということですが、お子さんの食事はどうされてますか?」

「朝起きるのは、つらいんですが、でも、やっぱり子どもにはちゃんとご飯を食べさせてあげなきゃいけないと思い、たいしたものはつくれませんけれども、いちおうつくっています」

「よくやられていらっしゃいますね。いったい、どうやって朝起きていらっしゃるんですか。朝、自分を起こす力になっているものは何なんでしょうか?」

うつ病の場合は、朝起きるのは大変な作業なわけです。できていることは、きちんと評価していきます。

「買い物なんかはどうされているんですか?」

「今は、おばあちゃんに来てもらっているんですよ」

「ああ、そうですか。それはよかったですね。そうやっておばあちゃんの力を借りていること、それは奥さまの大変素晴らしい力です。世の中には、全部自分一人でやらなくちゃいけないと思っている人がいます。もちろん、それでできればいいんですよ。できればいいんですけれども、できなくて結局潰れてしまうことが多いんです。奥さまが潰れてしまうということは、お子さんが潰れてしまうということです。必要なときに人の力をきちっと借りられるというのは素晴らしい能力です」

こんなふうに、コーピング・クエスチョンの力を借りて、すごく大変な状況のケースでも、どんどん話が展開していくのです。

［黒沢］今の森先生の例でもわかりますように、コーピング・クエスチョンの中にはコンプリメントを入れていくのが効果的です。

大変な状況にある人は、こちらがどんなにコンプリメントを入れても、「でも、まだだめなんです。全然、できてないんです」と言い続けます。それでも、その方ができていること、役に立っていることすべてに、根気よくコンプリメントを入れていきます。大変な状況にいらっしゃる方には、コンプリメントが必要なのです。そして、次の〈ステップ４〉「介入」のところでふれますが、コンプリメント自体が強力な介入になります。森先生の今の例のような会話を続けていくこと自体に治療的な効果があると考えます。

コーピング・クエスチョンに関連して、インスー・キム・バーグのワークショップの話を紹介しましょう。海外ワークショップでのことです。実際にクライエントの方に来ていただいて、インスーに、その場でセラピーをやっていただくという企画がありました。

クライエントの方は三〇代後半の女性で、物質依存症が主訴の方でした。その方のご主人も依存症でした。依存症の方々の自助グループで出会い、二人で更生していく中で結婚なさったのです。やっとサバイバルして、二人でいろいろ努力しながら生きてこられたわけですが、最近ご主人が急死されたのです。その方にはまだ依存症の問題もありますし、ご主人が急死されたことで、もう本当にうちひしがれた状況でした。話を聞けば聞くほど大変な状況でした。

インスーは、その方と面接を始めましたが、その面接は、ほとんどコーピング・クエスチョンで展開されていきました。インスーがいろいろと労をねぎらっても、その方は「いいえ、そんなことはないのです。私は本当にだめな人間です。こういうところが、私は主人に対して足りなかったんです」とか、「主人にこういうことがもっとしてあげられたらよかったのに」とか、「死なれてみなければ気がつかなかったことが、こんなにたくさんあって」とか、そういうことを涙ながらに話されます。そのたびに、インスーはいろいろな言葉を微妙に変えながら、「それでも、その中でよくやってこられた。そのあなたの能力はいったい何なんでしょう？」「やっとの思いで出会った人生のパートナーに死なれてしまって、今、あなたが悲観して、すぐにでも人生を投げ出してても何もおかしくない状況なのに、でも懸命に生きていらっしゃる。なおかつ、多くの人の前で、どんな人かもよくわからない私（インスー）に、こんな大変な話をされようというのはものすごく勇気ある行為です。その勇気はどこから来ているのですか？」「勉強に来ている多くの人たちの役に立ちたいという気持ち、それがどれだけ素晴らしいものか、自分で気づいていらっしゃいますか？」「私が何十年間かセラピーをやってきて出会った女性の中でも、あなたは最もグレートだと感じます。すごく勇気があるし、こんな悲惨な状況の中で、こんなふうにまわりの人たちを思う力がある。ほかの人を憎んだりしないで、自分を責める力がある。こんなに力のある女性に、今まで私は出会ったことがありません。私の言葉を、あなたは信じますか？」というような形で、その方がどんなに否定的に自分を語っても、どんなに悲観的なことを話しても、何度も何度もコーピング・クエスチョンとコンプリメントを繰り返しました。まるで波打ちぎわの波が、寄せては返しを繰り返して、だんだんとひいていくように、その方はやすらかな表情になっていきました。

そのセラピーを見ていた人たちは、「インスーだから、絶対にどこかでミラクル・クエスチョンをするはずだ」と思っていたわけです。しかしながらインスーは最後まで、ミラクル・

クエスチョンをしませんでした。クライエントの方が帰られて、振り返りの時間にインスーは、「もちろん、ミラクル・クエスチョンはとても有効な質問です。しかしこの方に優先するのはコーピング・クエスチョンだった」と述べられました。そして、「マニュアルどおりにやることが大事なのではなくて、その方の力を信じ、その方が持っているリソースに、どれだけその方自身が気づけるかということをお手伝いするんだ」と強調されていました。

［森］　解決に向けての有効な質問を五つご紹介しました。このほかにもいろいろあると思います。読者の方々も、ほかに有効な質問をお持ちだと思います。それらにこの五つを加えて、フル稼働させながら面接してみてください。

＜ステップ4＞介入

①コンプリメント

［森］　さて、＜ステップ4＞「介入」です。【ホワイトボード11】を見ていただくとわかりますが、介入には様々な方法があります。まず、その一が「コンプリメント（compliment）」です。

先ほどのコーピング・クエスチョンのところでも出てきましたし、「クライエント－セラピスト関係とその対応」のところでも出てきましたね。このことからだけでも、コンプリメントの重要性がご理解いただけると思います。そして、介入の一番目にこれが挙げられているということは、コンプリメントはそれだけで一つの強力な介入であるということです。

もう一度、コンプリメントの定義を確認しておきますと、コンプリメントというのは、クライエントのやっていること、あるいはクライエントの考えなどに対して「あっ、それはいいね。それはすごいね」というふうに「評価し、賛同すること」です。「敬意を表す」という形をとることもありますし、場合によっては「労をねぎらう」という形にもなります。これがコンプリメントです。わかりやすく言うと「ほめる、

＜ステップ４＞介入のいろいろ

①コンプリメント

②ブリッジ

③観察課題（初回面接公式課題）

④ドゥー・モア（Do More）課題

⑤予想課題

⑥プリテンド・ミラクル・ハプンド

（⑦ドゥー・サムシング・ディファレント）

【ホワイトボード11】

ねぎらう」です。

さて、コンプリメントが、なぜ強力な介入になるのでしょうか。当たり前と言えば当たり前なのですが、「ほめられると自信がつくから」です。コンプリメントしているのが専門家ならなおさらです。専門家から「すごいですね。それはいいですね」と支持されるということは、クライエントを大変勇気づけます。コンプリメントによって、揺れていた状態が落ち着き、それが解決につながっていくのです。

参加者の方々の中にも、「これでいいのかな?」「うまくやれているようでもあるけど、ちょっとどうかな?」と、揺れながら面接している方がいると思います。なんとなく自信が持てずに面接が中途半端になっているとき、スーパーバイザーなどに「それでいいんですよ。先生」と言われると、「ああっ、いいんだ。これでいこう」と自信がつくでしょう。そして、もっとシャキッとやって、ケースがうまくいくという体験をされた方もいると思います。

「はあ」とか「へえー」とかの相づちも、入れ方によってはコンプリメントになります。「ここは伸ばしてほしいな」と思うところに、タイミングよく相づちを入れるわけです。こちらが何かに反応しているということは、結局、選択しているということです。反応することによって、「こっちだよ、道は」と導いていることになるのです。

よく喧嘩をする少年の面接をしているとします。少年が「喧嘩をしなれてないやつのほうが怖いよね。おれたちは、どうすれば致命傷を与えないでやるかというコツを知ってるんだよ」という話をしたならば、「へえー」と反応するわけですが、ここは絶対に反応すべきところです。「たとえば、どんなふうにやると危ないんだ?」「そうか、そういうことを考えているのか。そしてそれが、君はできるんだ。それはすごいな」とコンプリメントします。どうしてここでコンプリメントするかというと、少年はコントロールの話をしているからです。ただ感情や衝動に任せて喧嘩しているのではなく、喧嘩しているときに自分の行為をコントロールしていると言っているわけです。「気持ちや行動をコントロールすることが大事だぞ」と言っても、彼らには入っていきません。でも、こういう話が出たときに「すごいね」とコンプリメントすることによって、コントロールの話を広げていくことができるわけです。コントロールというリソースを彼らは自分の中に持っているのですから。

［黒沢］　たいていの人は、ほめられればうれしいものですが、でも、何でもかんでもほめられればうれしいかと言うと、そうでもないですよね。ほめられて、ムッときたりすることだってあります。

実は、上手にほめるというのは、かなり技術がいることです。コンプリメントのスキルは、意識してトレーニングすることで磨いていきましょう。たとえば、「職場に行ったら、一日一回、すべての人のことをほめる」という課題を自分に与え、二か月くらい続けてみましょう。最初はほめているのにムッとされたり、逃げられてしまうことがあるかもしれません。あるいは、ほめる言葉が思いつかなかったり、ほめるタイミングがつかめなかったりと、様々な苦労を感じるかもしれません。でも二か月くらい毎日取り組んでいけば、かなりスムーズにほめられるようになるはずです。カウンセラーがすべきトレーニングというのは、こういう類のものです。もちろん、ご家庭でなさってもいいと思います。

［森］　コンプリメントは「ワーッ、すごいですね！」とか言って、明るく元気にしなければいけないと思われた方がいるかもしれません。確かに、そうやって派手に言わないとほめられたと感じられない人もいます。それとは逆に、「ワーッ、すごいですね！」と言われると、「ばかにしとるんか」とムッとする人もいるでしょう。

コンプリメントする側も、「ワーッ、すごいですね！」とやるよりも、とつとつと「ああ、いいですね」くらいのほうが性に合っている人もいます。私と黒沢先生のコンプリメントの仕方は全然違います。黒沢先生は、すごいと感じたら「ワーッ、すごいですね！」と、そのまま言う人ですし、それが合っている感じがします。偉そうに「ああ、いいですね」なんて言ったら、ちょっと合いません。

トレーニング期間中には、相手の特質と自分の特質を考えてコンプリメントするということを意識してください。「この人の場合だったら、こういうふうにコンプリメントを入れるのがいいけど、自分の得意なやり方を考えると、こういうやり方のほうが入るな」と考えながらトレーニングするのです。

［黒沢］　ＢＦＴＣにいたスコット・Ｄ・ミラーが来日されたときに、コンプリメントのやり方について、こんなことをおっしゃっていました。

インスーは、本当に上手にコンプリメントを入れる天才的なセラピストです。インスーのコンプリメントは、「ワ～ォ！」「グレート！」「オ～！」と派手な感じなのですが、それをとっても自然にやるし、ノンバーバルなものが相手に入っていくのです。スコットも最初はインスーにならって「ワ～ォ！」「グレート！」「オ～！」とやっていたそうです。でも、スコットというのはビジネスマンみたいにカチッとした感じの人ですから、そういう派手なコンプリメントは森先生がやる以上に合わないんです（笑い）。あるとき、スコットは自分が面接しているビデオを見て、「何かちょっとおかしいな？」と感じたそうです。そして、コンプリメントは大事だけれども、「インスーみたいなやり方が一番いいんだ」と思うのはまちがいで、自分に合ったコンプリメントがいいんだと気がついた。そんなふうにスコットは述べていました。

［森］私の知っている大阪のあるセラピストは、三つしか言葉を使いません。「へえー」「わあーすごい！」「どうしはったん？」。この三つだけ。彼女はすごく優秀な女性セラピストです。この三つを絶妙なタイミングで、様々なトーンを使って面接を展開していきます。彼女の面接にふれると、コンプリメントのすごさを実感します。

読者の皆さんも、自分に合ったコンプリメントの仕方を見つけていっていただきたいと思います。

②ブリッジ

［森］次の介入の方法は「ブリッジ」です。

ブリッジ、つまり「橋渡し」です。クライエントに困っていることがあって、その解決に向けてこんな課題を出したいとセラピストが思うとき、困っていることと課題のあいだに橋を架ける。この作業がブリッジです。ブリッジなしに、いきなり課題を出すというやり方もありますけれども、クライエントが納得して課題に取り組むほうが、課題達成のモチベーションは普通高まるでしょう。

前のほうで、ちらっと紹介した、過敏性腸症候群の受験生のケースを少し詳しく紹介しながら、ブリッジの実際を知っていただきたいと思います。

彼は予備校に毎日通ってきているのですが、いつおなかが痛くなり下痢になるかわからないので、午前中の授業が出られないのです。彼は早く大学に入りたいから授業に出たいんだけど、いつも自習室で勉強せざるを得ない。それを何とかしたいということで、予備校のカウンセリング室にいた私のところに駆け込んできたわけです。

腹痛と下痢は高校二年生の終わりごろからあって、医者からは過敏性腸症候群という診断を受けていました。ちょっと薬も出ましたがほとんど効果はなく、医者からは「受験ストレスのせいでしょう。つきあっていくしかないね」と言われて、彼も「そうするしかないか」と思っていました。そんな状態で、現役のときは保健室で受験し、失敗していました。

詳しく話を聞いてみると、彼の腹痛と下痢は非常に規則正しく起こっているんです。一回目の下痢は、朝食を食べ始めて一〇分後くらいに起こります。おなかが急に痛くなって、「ああ、だめだ」とトイレに駆け込みます。二回目は、彼は自転車で予備校に通っているのですが、予備校の建物が見えてくると、グーッとおなかにさし込みみたいなのが入って、そのままダーッとえらい勢いで自転車を自転車置き場に放り込んで、トイレに駆け込む。それからだいたい一時間おきに腹痛と下痢が襲ってきて、午前中に五回くらいトイレに行くんです。その五回ともちゃんと出るから、不思議と言えば不思議です。昼食は、そのときのおなかの調子で食べたり食べなかったりで、午後は、たまには授業に出ることもありますが、予備校の自習室でけっこう遅くまで勉強します。午後は腹痛や下痢はありません。

家に帰って夕食は普通に食べて、八時くらいから机に向かうわけですが、夜になるとものすごく受験に対する不安感が高まってきます。「ああ、こんなことで大丈夫なのか。自分のこんな勉強の仕方で来年は大学に受かるのか」「このおなかは治るんだろうか。また来年も保健室で受けなくちゃいけないのか」などなど、様々な不安が高まってきて勉強がまったく手につかない状態になります。でも、夜は下痢はありません。

ここからがブリッジですが、「お医者さんは受験ストレスのせいで、君の過敏性の下痢腹痛が起こっているというふうに言ったわけだけど、君もそう思うかい?」と聞いてみました。「まあ、そうなんでしょうね」と彼は答えました。

「もちろん、君に受験ストレスがかかっていることはまちがいないよ。だって君は浪人生なんだもの。浪人生で受験ストレスのかかっていないやつは、普通いない。だけど、君の話を聞いていると、私には受験ストレスと君の下痢腹痛というやつが直接関係しているとはどうしても思えないんだよ。だって、下痢腹痛があるのは午前中だけでしょ。君に受験ストレスがかかっているのは午前中だけかい?　午後と夜は、君は受験ストレスから解放されてるのかい?

そんなことはないだろう。もし受験ストレスのせいで君が下痢腹痛を起こしているんだったら、不安で勉強が手につかない夜の時間こそ、君は下痢腹痛でトイレに駆け込まなければいけないんじゃないかな。でも、夜はおなかは痛くならないんでしょう？　君に受験ストレスがかかっていることはまちがいないよ。だけど、それが直接、下痢腹痛を引き起こしているのかねえ。違うんじゃないの？」

彼は、「そういえば、そうだ」という顔をして私の話を聞いています。橋がだんだん架かってきました。

「君の下痢腹痛は、とっても規則正しいよね。ということは、たぶん君の脳がそういうふうにプログラムされちゃったんだな。朝ご飯を食べ始めると、一〇分くらいで脳の視床下部から脳下垂体を通じて信号が発せられて、チリリリチリリリッと交感神経系を伝わって腹のほうまで行って、『はい、下痢下痢、腹痛腹痛、トイレトイレ』という命令が下される。その命令に従って、君はトイレに行く。そして二回目、予備校の姿が見えると『はい、下痢下痢、腹痛腹痛、トイレトイレ』という命令がまた発信される。それから一時間ごとに、その命令が起こってくる。そういうふうに脳がプログラムされているんじゃないの？」

彼は目を見開いて私の話を聞いています。

「だとすれば、私たちがやることは簡単なことだよね。そのプログラムにバグを入れることだ。そのプログラムを混乱させることだ。いろんな方法があるけれど、試しにこういうことをやってみてください。うまくいかなかったら、また別の方法を考えよう」

彼はうなずきます。

「いつもより一五分、早く起きなさい。できますか？」

「できます」

「一五分、早く起きて、そして通常どおり外出の準備をし、そして朝食の前にトイレに行き、そのとき、うんこをしたかろうがしたくなかろうが最低でも五分間、頑張る。そして、すべてを出しつくす。それから朝食。要するに、最初に脳が命令を出してくる前に、排便の命令を出させるような環境をつくってしまうわけだ。これで脳が、『あれメシ食ったっけ？』とか混乱してくれたら、しめたもの。これを試してみましょう」

彼はすっきりした顔で、「なるほど、そういうことだったんですね。やってみます」と言いました。彼には、この説明がストンと入ったわけです。

一週間後、彼はけっこう暗い顔をして現れました。「あっ、だめだったのかな」とちょっと私もあわてました。

「先生、勉強、どうやったらいいでしょうか。今、こんなことやってるんですけど……」

勉強の仕方の相談です。勉強の仕方の話をちょっとした後、「ところで、過敏性腸症候群のほうはその後どうなったの？」と聞いてみますと、「ああ、あれもういいんです。トイレに行くのは一日一回か二回です。あの日の翌日から、下痢はなくなりましたから、それはもういいんです」と言うのです。「じゃあねぇ、君、こんなところで相談してる暇があったら、今すぐ自習室に戻りなさい！」と一喝しました。彼はハッとした表情を見せ、「あっ、そうですね。わかりました」と自習室に向かっていきました。その後、彼は一回もカウンセリング室を訪れることなく、春には志望大学に入ることができました。

ここで架けているブリッジの説明、実は私、まったく信じていないんです。言いながら自分でも「ようこんな口からでまかせ言えるなぁ」と変な感心をしていたくらいですから。でも、この話は彼に入ると思いました。なぜなら、彼の相談申込用紙に書かれた志望大学が、全部、情報工学科だったからです。ブリッジは、それが正しいかどうかよりも、クライエントにとってその話が腑に落ちるか落ちないかが大事なのです。

ブリッジというのは、ある意味すごくクリエイティブな作業で、私にとってはとっても面白く、結構これに命をかけています。

［黒沢］　きっと、「受験ストレスのせいで過敏性腸症候群になっている」という説明は正しいですよね。正しいけれども、使えない。受験ストレス→過敏性腸症候群→過敏性腸症候群であるかぎり、勉強が手につかないから合格できない→受験生活から抜け出せない→受験ストレス……。堂々巡りです。そこで、クライエントが持っている、情報工学というリソースを使ってその堂々巡りを断ち切ったわけです。きっと、森先生が持っていらっしゃる「ひょうひょうと、うそか本当かわからないことをまことしやかに言える」というリソース（笑い）とクライエントのリソースがうまく響き合って、説得力が生まれたのです。

ＫＩＤＳでは、森先生と私の二人で面接に入ることがあります。「ブリッジというのは、ある意味すごくクリエイティブな作業で」という話がありましたが、コンプリメントも「この人のどんな部分を、どんなタイミングで、どんな表現をするのが一番入るか」ということを常に考えるとてもクリエイティブな作業です。森先生はブリッジがお得意で、私はコンプリメントが得意というリソースを持っていますので、お互いのリソースを活用することでクライエントのリソースを一層引き出せれば、チームを組む意義もあるというものです。

③観察課題

［森］「介入」の三番目以降は、実際に出す課題の種類です。まず、「観察課題」です。

コンプレイナント・タイプの関係の場合は、コンプリメントを入れて、ブリッジを架けて、観察課題を出すという流れになります。カスタマー・タイプの関係の場合は、コンプリメントを入れて、ブリッジを架けて、観察課題、あるいは何らかの行動課題を出すことになります。

観察課題とは、「こういうことがもっと続いてくれたらいいのになあ、こういうことがもっと起こってくれたらいいのになあ、と思われるような出来事を、よく観察して、それを次回来られたときに報告してください」というものです。

コンプレイナント・タイプの関係になっているときは、他者観察や状況観察をしてもらって例外を探します。カスタマー・タイプの関係になっている場合でしたら、自己観察も含めて例外探しの観察が課題になります。

観察課題は「初回面接公式課題」とも呼ばれているくらい、基本的な課題です。この課題をやっていく中で、クライエントが例外をどんどん見つけ、それを拡大していくのを援助していきます。

④ドゥー・モア（Do More）課題

四番目は「ドゥー・モア課題」です。この課題は、カスタマー・タイプの関係のときに使います。ビジター・タイプやコンプレイナント・タイプの関係のときには出してはいけません。カスタマー・タイプの関係ができているということは、クライエント自身が変化したいという意欲を積極的にセラピストに表明している場合です。そういうときに有効な課題なのです。

先ほどの「『例外』探しの質問」などを使って、例外、特に意図的例外をクライエントからどんどん引き出していって、この行動課題につなげます。「ドゥー・モア＝それいいですね。もっとやりましょう」。

ドゥー・モア課題を出すのは簡単です。だって、「それをもっとしましょう」と言うだけの話ですから。ただ、そのためには「それ」、つまり意図的例外を見つけ出す作業がすごく重要となるわけです。「それ」が見つかったら、「ああ、いいですね。それ」とコンプリメントを入れて、なぜ、いいのかを説明してあげる。つまり、ブリッジです。「それはいいんですよ。なぜなら、心理学で言いますと、それは××です」とか言って、「ですから、もう一度やってみましょう」といくわけです。

ドゥー・モア課題で取り上げる課題は、こちらがいいと思っている行動ではなく、クライエントがいいと思っている行動です。もちろんそれが一致していればいいのですが、一致してない場合もあるかもしれません。

たとえば、不登校のお子さんをかかえるお母さんが、ある日キレて、「毎朝、毎朝、グズグズして！　今日は忙しいんだから学校へ行きなさい！」って言ったら、子どもは泣く泣く学校に行った。学校から帰ってくるときは、とても元気になっていて、友達とも楽しく遊んでいた。翌日は、またグズグズしていて、母親も声をかけないでいたら、結局行かなかった。そんな場合があったとします。

これは、「結果としてその日は学校に行ったけど、この場合は、登校刺激を与えずにゆっくり休ませ、変化が出てくるまでじっくりと待つのがいい」というカウンセラー側の思いとは相入れないやり方かもしれません。でも、そのお母さんは、そんなやり方もいいかなと思っています。実際に意図的例外が起こっているわけです。

こんなときは、こちらの思いは横に置き、「たまにはキレてみるもんですねえ。どうです、またキレてみませんか」とドゥー・モア課題を出したほうがいいでしょう。

[黒沢] でも、「人を殺傷すると、やっぱり気分がすっきりしますよね」なんてことは、さすがにまずいですよね。犯罪などがからまないかぎり、いわゆるものの考え方や価値観レベルの話であれば、クライエントの枠組みを優先することが大事だということです。

⑤予想課題

[森] 介入の課題としては、観察課題とドゥー・モア課題の二つが基本です。これから後に紹介する課題は、もしかしたら知らないほうがいいかもしれません。知らなければ、この二つを一生懸命やろうとしますから。そんなことを念頭にお読みください。

「予想課題」というのは、偶発的例外のみが発見されている場合に使います。例外は見つかっているのですが、「天気がいいから気分がいい」とか「学校に行く日があるんだけど、どういうときに行って、どういうときに行かないのか、本人も含めまったく見当がつかない」という感じで、意図的例外が見つかっていないことがあります。そういうときは、ドゥー・モア課題が出せません。「それをもっとしましょう」の「それ」が見つかっていないわけですから。

そこで、偶発的例外が起こるかどうかを予想するのです。偶発的例外を予想することで、意図的例外を探していくのです。こんなふうに言います。

「これから毎晩、夜寝る前に、明日その例外が起こるかどうかを予想してください。そして翌朝を迎え、翌日は普通に暮らしてください。普通にというのは、前の晩の予想にとらわれる必要はないということです。普通に過ごして、夜になったら一日を振り返って、昨日の夜立てた予想が当たったかどうかをチェックします。そのとき、当たっていても当たっていなくても、なぜ当たったのか、なぜ外れたのかちょっと考えてください。そしてまた翌日の予想を立ててから眠りにつく。これを毎日繰り返してください」

毎晩、翌日の予想をするわけです。例外が起こった場合は○、起こらなかった場合は×、起こったか起こらなかったかよくわからないときは△という感じで記録してもらいます。

[黒沢]　予想課題に関連して、ＫＩＤＳでは「家族予想ゲーム」というのをやることがあります。家族みんなで予想するのです。

たとえば、学校に行ったり行かなかったりの不登校の子どもがいたとします。偶発的例外は発見されているのに、意図的例外は発見できない。いつ学校に行くのか、本人も含めてだれにも読めないというケースです。

そんなとき、本人を含めて家族みんなで、明日学校に行くかどうかを予想してもらうのです。夜、家族みんなが集まって、「じゃ明日、A男は学校へ行くかどうか。予想ゲーム、開始！」とやるわけです。お父さんは、「A男は明日は行くかな……。うーん、行かない」。お母さんは「行きます、きっと」。弟は「お兄ちゃんは行かないよ、明日も」。もちろん本人も「僕は、明日学校に行くから」という感じで予想します。これを四週間くらい続けてもらいます。ちゃんと星取り表をつくり、予想が当たったか当たらなかったかを確認します。そして、一番当たった人は賞品がもらえるようにします。本当に欲しいと思う賞品をそれぞれ決めておくわけです。「私はパールの指輪がいい」「僕はテレビゲーム」という感じで。

この家族予想ゲームの注意点は、「明日は行ってほしいな」とか「明日は行かなきゃだめだよ」とか、期待とか義務の言葉を使ってはいけないということです。微妙な言葉づかいですが、予想ですから、「うーん、明日は行くな」とか「明日はそうだな、行ってないな」といった具合にやってもらいます。

「ゴールや解決像には三つの水準がある」という話をしましたね。「義務」「期待・夢」「必然的進行」の三つです。このうち「必然的進行」の言葉を使ってほしいということです。そうでないと効果が出ないどころか、プレッシャーをかけるなどの弊害が出てしまいます。

この家族予想ゲームにはいろいろな効果があります。まず、ほとんどの不登校の子どもを持つご家庭では、本人の登校の話題はタブーになっています。はれものに触るような状態です。それがゲーム感覚で学校の話ができるようになります。家庭が明るくなる点がとてもいいです。

［森］　本人が嫌がらないかと心配される方もいるかもしれませんが、意外に抵抗なく乗ってきます。本人は、自分のことですから、もちろん自分が勝つものだと思っているわけです。でも、やってみればわかりますが、けっこう下のきょうだいが一番勝ったりします。下の子って、兄姉のことをすごくよく見ているんですよ。「お兄ちゃんが学校に行くかどうかは給食のメニューで決まっている」ということを発見し、壁に貼ってある給食の献立表を何気なく見て予想したりするものです。

お母さんは、どの家庭でもたいていビリですね。「行ってほしい」という気持ちが如実に出てしまいますから。お父さんもだめですね。情報量が少なすぎますから。だいたい下の子がトップで、二番目が本人で、その後にお父さんだったりお母さんだったりという感じです。

［黒沢］　親が、いかに「義務」や「期待・夢」という色めがねで子どもを見ているかに気づかされるゲームでもありますね。

学校にまったく行っていない不登校の場合は、そもそもその例外自体が見つかっていないわけですから、賭けの対象にはなりません。そういう場合は、「翌日の朝、七時に起きるかどうか」など、時々あるようなことを予想してもらいます。

［森］　この予想課題の介入で治ってしまう人がかなりいます。何で治るのかよくわからないのです

が……。いちおう「意図的例外を引き出すために予想課題を出す」わけなのですが、意図的例外が見つからなくても症状が消えてしまうことが、しばしばあります。「真実は闇のまま」治ってしまう。

「クライエントのことはクライエントに聞け」というわけで聞いてみるのですが、多くのクライエントははっきりした答えを持っていません。ただ、「記録をつけていくのはいいですね」と答えてくれた人が何人かいました。「当たっても外れても、ちょっと振り返りをやってください」と言ってありますので、ちゃんと振り返りをやってくれている人たちもいます。

さらに、「予想って当たらないもんですね」と言うクライエントもたくさんいます。当たらないということは、クライエントにとっていいことが多いものです。なぜなら、ほとんどのクライエントは問題の中にいますから、予想するときには悪いことを予想しがちなのです。でも、星取り表をつけてみると「現実はそれほど悪くない」ということに気づくものです。そこから自信を回復し、治っていく。

そしてこれが一番の理由だと思いますが、夜の時点で「明日はどうなるのか」を予想するということは、未来時間オプションがいくつも持てるようになるということです。予想しないと、結局そのまま、一本道の明日が来てしまいます。予想課題をやることで、「○になる可能性もある。△になるかもしれない。×かもしれない。どれになるのかな」という少なくとも三つの未来時間イメージのオプションができます。一日ずつ、ちゃんと未来時間イメージを自分で確認していくという作業がとても治療的なんじゃないかと私は考察したりしています。

［黒沢］　課題を出す介入はどれもそうですが、学校の宿題のようにきちんと提出させることが目的ではありません。「すみません。課題のことはなんとなく気にして過ごしていたんですけど、だんだん調子が良くなっちゃって、ちゃんとは書いてきませんでした」というクライエントは少なくないです。星取り表を出してもらって、「一日目はお父さんが当たったんですね。二日目はだれも当たりませんでしたね。それで結局、ここからはこういう例外が見つかったんですね」といった形で次の面接を進めるために予想課題を出しているわけではありません。

［森］　このあたりが行動療法と違うところです。行動療法では、課題をやること自体に意味を見いだしています。解決志向ブリーフセラピーの課題はちょっと違います。課題は出しますが、それは「お土産」程度のものです。課題を出すまでのプロセスが大事だと考えています。もしこちらが出した課題が不適切であれば、クライエントは意識的にか無意識的にか、課題をやらないでしょう。それはそれでいいわけです。やってこなかったとしたら、「出した課題がまずかったな」とこちらが反省すればいいのです。課題をやってこなかったことでクライエントを責めたりしてはいけません。課題がクライエントを治すのではなくて、あくまでも課題に至るまでのプロセスが治療的なのです。

⑥プリテンド・ミラクル・ハプンド

［森］　「プリテンド・ミラクル・ハプンド」（Pretend miracle happened）は、「奇跡が起こったかの

ように振る舞う課題」です。この課題は、例外は見つかっていても見つかっていなくてもどちらでもいいのですが、ミラクル・クエスチョンに対してかなり詳細な答えがクライエントから引き出せているときに出すものです。

「次に面接に来られるまでのあいだの一日あるいは二日を選んで、その日はあたかも奇跡が起こったかのように振る舞ってみてください。そうしたら、どんなことが起こるか、まわりの反応やあなた自身の内的なものも含めて観察して、次回報告してください。くれぐれも、このことはまわりの人には内緒でやってくださいね」

たとえば、子どもの面接でお母さんが同席している場合は、「お母さんには、いつがその一日なのかということは、絶対に内緒にしてやってね」というふうに言います。

この課題は、ものすごくパワフルです。しばしば、その一日だけじゃなくて、ほかの日にも奇跡が起こり、劇的に改善する場合が多いのです。


［黒沢］　この課題、得意です。ケースを一つ紹介します。

企業のカウンセリング室でのケースです。糖尿病を一〇年間患っている、一〇〇キロを超える巨漢の方でした。毎日インシュリンの注射を打っています。企業の健康管理センターがずっと指導し続けているのですが、目にも障害が出てきてしまって失明の危機にさらされていました。そんな、かなり重篤な糖尿病の患者さんです。

失明寸前という状況でも、保健婦さんの食事指導や医師の言葉が入っていきません。「食べすぎ、飲酒はいけない。このままでは失明する。死に至ることもある」とわかっていても、やめられない。きっと心の問題がからんでいるのだろうということで、私のところに紹介されてきたのです。

糖尿病が治ること、あるいは糖尿病の血液データがきちんと改善することが、彼にとっての解決です。彼に私がお会いしてやったことは、ミラクル・クエスチョンでした。ゆっくりゆっくりイメージを膨らませていくと、彼は非常に生き生きと奇跡の一日を描かれました。

「朝、とても気持ちよく起きて、子どもたちと一緒に近くの公園に行って、子どもたちとキャッチボールをしたりサイクリングをしたりしています。妻の手づくりのおにぎりを持っていって、それをみんなで頬ばってお昼ご飯。午後も気持ちよく汗を流して、家族そろってファミリーレストランで夕ご飯を食べる。家に帰ってきたら、気持ちよくお風呂に入って、あまり夜ふかしをしないで寝るでしょうね」

その頃の彼の日常は、寝る前も口寂しくて、カレーライスやオムライス、ラーメンなど、普通の人の一食分を食べないと眠れないし、お酒も多く飲んでいました。

「ある日曜日を選んで、実験だと思って、奇跡が起こったように一日を過ごしてみませんか」と、プリテンド・ミラクル・ハプンドの介入課題を出しました。

「一番最近、息子さんとキャッチボールをしたのはいつですか?」と聞くと、「さあ、もう体が疲れて、こんな体ですからね。目も不自由ですし、ここ二年くらいはやってませんね。自転車にも最近乗っていないです」ということでした。でも、この方は実際に、奇跡が起こったかのように一日を過ごされてみたのです。奇跡の一日をやってみたら、体は重いしサイクリングも思うように運ばなかったのですが、「こんなに気持ちがいいものか」と思ったそうです。お昼のおにぎりはとってもおいしかったし、夕ご飯もあまりたくさん食べなくて大丈夫だったし、夜食をとらずにストンと眠れた。子どもたちの笑顔も素晴らしかったということでした。このとき彼は新しい未来のオプションを手に入れられたのです。

このようなプリテンド・ミラクル・ハプンドの介入と同時に小さなゴールを一緒につくっていきました。ミラクル・クエスチョンでイメージを出してもらったあと、彼は「お酒もやめます」と意気込まれました。私は、「わあ、すごい」と言ったのですが、一〇年間、体がボロボロになるまで食事の改善ができなかった方です。聞いていくと、これまでも「人の期待に応えたい」し「自分も頑張りたい」と思って禁酒・ダイエットの約束をするものの、毎度破綻し、「なんて自分はだめなんだろう」と落ち込んで、ますます酒量や食事の量が増えるという悪循環を繰り返してこられたことがわかりました。私は彼がどんな感じでお酒を飲んでいるのか、こと細かに聞きました。そして、「お酒を金輪際やめますなんていう無理な約束はしないでください。五〇〇ミリリットルの缶ビールを三五〇ミリリットル缶に変えてみませんか。飲む量はあまり変えなくてけっこうですから、形を変えて飲みましょう」というくらいの、実行可能な小さな小さなゴールをつくっていきました。

結果的に、彼は三回の面接で、血糖値が危機的な状況から脱し、目のレーザー光線治療を終結するほどまでに良くなりました。改めて、プリテンド・ミラクル・ハプンドの介入の有効性を知ったケースです。とは言っても、すごいのは介入ではなくて、この彼ご自身なのですが。

もう一つ、奇跡という言葉を使わない、ミラクル・クエスチョンの変形バージョンを使ったときの、プリテンド・ミラクル・ハプンドを紹介しておきましょう。たとえば、いわゆる神経質で、友人関係がうまくいかない小学校高学年の女の子のケースであれば、こんなふうに展開するかもしれません。

「もし、A子ちゃんが、今とちょっと違うバージョンの人間になれるとして、たとえばそれをA子ちゃん2号と呼ぶとすると、そのA子ちゃん2号は、お友達に嫌なこと言われたとき、どんなふうにしているかな？」

「A子2号だったら、あまり気にならない感じでおちゃらけて、ときには言い返したりしていると思う」

「じゃあ、今度会うまでのあいだの好きな一日を選んで、女優だと思って、A子ちゃん2号を演じてみようか。そして、みんながどんな反応をするか、あなたの女優ぶりがうまくいっているかどうか、まわりの友達や先生、親などの様子を観察したり、あなた自身の中でどんなことが起こるかを観察して、次に来たときに報告してくれる？」

こんな感じで、プリテンド・ミラクル・ハプンドを応用しています。「〇〇ちゃん2号」というやり方は、いわゆるボーダーラインと言われるような、リストカットなどの行動化をする思春期の子にも有効です。

［森］　ミラクル・クエスチョンの答えを引き出している過程こそ治療的プロセスなのです。ですから、奇跡の一日が描けたということは、治療的プロセスはもうほとんど終わっているとも言えます。介入は、だめ押しというか、念のためのワンプッシュです。このプリテンド・ミラクル・ハプンドの介入だけでなく、＜ステップ3＞までがしっかりできていれば、＜ステップ4＞の

介入は必要ないとも言えるのです。

私も、しばしば課題を出さずに面接が終わることがあります。たとえば「どうなればいいんだろうね？」とか言って解決像の話をしているときに、「うーん」とクライエントがしばらく考えて、「あっそうか。わかった。ありがとうございました」と面接が終了してしまうことがあります。解決像が見えた段階で、あとは何をすればいいのか、本当はクライエントは全部知っているのです。「オイオイ、一人で何がわかったの？」と聞いてみることもありますが、それを聞くのはこちらの都合です。わかったことを言語化させることが治療的にいいとか悪いとかというわけではありません。こちらが「わかる必要はない」と思えば、「はい、それでは元気でね」と、クライエントを送り出してあげてもいいのです。

⑦ドゥー・サムシング・ディファレント

［森］ 介入の最後は、「ドゥー・サムシング・ディファレント（Do something different）」です。つまり、「何か違ったことをしなさい」ということです。先ほどの「ドゥー・モア」と対極にある介入です。何をやってもうまくいかず、事態がこう着状態になっている場合に使います。中心哲学〈ルール3〉「もしうまくいかないのであれば、（何でもいいから）違うことをせよ」に基づいています。

ただ、これは難しいし、これ以前の介入、特に観察課題かドゥー・モア課題が出せるように面接を展開していってほしいと思いますので、ホワイトボードから消しましょうか？

［黒沢］（　）の中に入れておくという感じでしょうかね。

［森　］先ほど紹介した過敏性腸症候群のケースの「朝食の前に便所へ行け」というのは、ドゥー・サムシング・ディファレントの一例です。この「サムシング」が何なのかに関する議論は、かなりマニアックな世界です。魅力的ではありますが、あまりそういうマニアックな世界には立ち入らないほうがいいと思います。

昔のブリーフセラピーは、つまり解決志向ブリーフセラピーが登場する前のブリーフセラピーは、この「サムシング」をどうやって見つけるかに心血を注いでいました。セラピストたちはこぞって「こんな課題を出したら、スパッと良くなりました」と、その切れ味の鋭さを一生懸命誇示していました。そんな時代があったのです。ただ、治療というのは、そんなものじゃないと思います。セラピストのカリスマ性が必要なのではなくて、クライエント自身が変化していくことを援助するのがセラピーの原点でしょう。解決志向ブリーフセラピーの基本はそうです。ドゥー・サムシング・ディファレントというのは、昔のなごりです。

［黒沢］日本にいち早くSFAを導入された白木孝二先生（名古屋市児童福祉センター）から、「SFAのやり方というのは、コロッケ屋のおばちゃんが、地味に毎日コツコツと、汗かいておいしいコロッケを揚げ続け、それを五〇円くらいで売っているようなものです。派手で、切れ味が鋭くて、見栄えがするというものではありません」というメールをいただいたことがありま

す。

本当にそうだと思います。相手の中にリソースがあるということを信じて、コツコツと質問を積み重ねて解決像を引き出していく。「今日の油の温度はちょっと低いな」「今日の小麦粉はちょっと湿っているから注意しよう」と、毎日工夫しながら、基本的には同じことをこつこつやっていく地味な仕事なのです。

ＳＦＡは、生活の中での常識を基本に踏まえていますので、「コモンセンス・セラピー（常識療法）」と言われることもあるくらいです。「ほめることはいいことだ」「ちゃんと謝ることは大事だ」というのは、対人関係の基本的な常識ですよね。カウンセリングの技法というと、何か特別な方法をとらないといけないような意識になりがちです。しかし、やはり大事なことは、きちっとその人のことをほめる、その人のやれることを見つけていき、こちらがミスをすれば謝るという常識的な姿勢です。そして、そういうカウンセラーの姿勢から、クライエントは多くのことを学んでくれるのです。子どもたちは、素直にちゃんと謝る先生のところに集まりますよね。子どもたちは、絶対にまちがわない先生のことを信頼するのではなく、まちがったときに「こういうとこ悪かったよ。ごめんな」と言える先生のことを信頼します。そして、自分たちのいいところを素直に認めてくれる先生の言うことをきくようになるのです。

特に学校や会社などの現場のコミュニティの中では、解決志向ブリーフセラピーのようなコモンセンスなやり方の援助が役立つと思います。コミュニティは、日常の生活の場なのですから。

＜ステップ5＞ゴール・メンテナンス

［森］　さていよいよ最後のステップ、＜ステップ5＞「ゴール・メンテナンス」です。これはサッといきます。

「先日いらしてくださってから今日までのあいだ、いかがでしたか？」というふうに二回目以降の面接は始まります。こちらが聞きたいことは「What's better?（この間に、ちょっとでも良くなったことは何ですか？）」です。

そしてクライエントが「ここの部分は、ほんのちょっとだけど良くなった」という話をしてくれたら、すかさず「へーっ、すごい。そんなことが起こったんですか」とコンプリメントを入れて、「何をやったらそうなったんですか？」と意図的例外を聞き出し、「それ、いいですね。またやってみませんか。続けてみましょうよ」とドゥー・モア課題を出します。そうやって面接を続けて、クライエントがゴールに到達したと感じたならば、そこで面接は終わります。

「What's better?」に対して「何も良くならなかったです」とか「逆に悪くなってしまいました」という場合は＜ステップ2＞に戻ります。そして、「どうなればよろしかったんでしたっけ？」と、もう一度ゴールの確認をしていきます。そして、解決に向けて有効な質問をし、必要があれば課題を出します。そして次に来たときに、また「What's better?」とやる。それを繰り返すわけです。
場合によっては、来るたびにゴール・セッティングをすることもあるでしょう。毎回「どうなればよろしかったんでしたっけ？」「治ったときって、どういうときのことを言うんでしたっけ？」という話をやっているケースもあります。ゴールは一回立てればそれでいいというわけではありません。良くなってきていればいいのですが、「うまくいってないな」という感じでしたら、毎回「ゴールは何だ」という話を展開し続けていきます。

［黒沢］　ザッツ・オール。

［　森　］　ザッツ・オール。ＳＦＡのマニュアルに、これ以上のことはありません。
でも、ブリーフセラピーには様々な流派があり、ここで紹介したアプローチ以外にも有効なアプローチがたくさんあります。また、もちろんブリーフセラピー以外にも、有効な方法はたくさんあります。たとえば、オーストラリアのマイケル・ホワイトらが提唱した「外在化」という技法があります。とても有効な技法なので、私たちは非常によく使います。ここではふれませんでしたが、私が以前に書いた『先生のためのやさしいブリーフセラピー』や『〝問題行動の意味〟にこだわるより〝解決志向〟で行こう』の中ではけっこう詳しくふれています。まだお読みでない方は、ぜひ読んでみてください。

［黒沢］　パチパチ。さすが関西人！　商売でしめましたね。

「仏の光より金《かね》の光」じゃなかった、「仏も昔は凡夫なり」あれ？

とにかく、やってナンボ、実践してナンボの世界ですよ！　皆さん！

やってみて、そして自分なりにどんどんアレンジしていって、皆さま自身のアプローチを開発していってください。

二日間、本当にお疲れさまでした。ぜひ皆さま自身の実践の結果を私たちにもフィードバックしてください。私たちもすぐに皆さまの芸を盗ませていただきますから。

本当にどうもありがとうございました。（パチパチと拍手）

（この後、実際の研修では、森と黒沢の面接デモンストレーションが行われた。）

〈参考文献〉

I・K・バーグ（著）／磯貝希久子（監訳）『家族支援ハンドブック―ソリューション・フォーカスト・アプローチ―』金剛出版、一九九七
I・K・バーグ、S・D・ミラー（著）／斎藤学（監訳）『飲酒問題とその解決―ソリューション・フォーカスト・アプローチ―』金剛出版、一九九五
S・ド・シェーザー（著）／小野直広（訳）『短期療法解決の鍵』誠信書房、一九九四
P・ディ・ヤング、I・K・バーグ（著）／玉真慎子、住谷祐子（監訳）『解決のための面接技法―ソリューション・フォーカスト・アプローチの手引―』金剛出版、一九九八
M・H・エリクソン（著）／森俊夫、瀬戸屋雄太郎（訳）「催眠療法における一方法としての時間の偽定位」『現代思想』第三〇巻四号、一三〇〜一五四頁、青土社、二〇〇二
J・ヘイリー（編）／森俊夫（訳）『ミルトン・エリクソン　子どもと家族を語る』金剛出版、二〇〇一
神田橋條治（著）『追補　精神科診断面接のコツ』岩崎学術出版社、一九九四
黒沢幸子（著）『指導援助に役立つスクールカウンセリング・ワークブック』金子書房、二〇〇二
黒沢幸子（著）「タイムマシン・クエスチョン」『現代思想』第三〇巻四号、一五五〜一八三頁、青土社、二〇〇二
宮田敬一（編）『ブリーフセラピー入門』金剛出版、一九九四

宮田敬一（編）『学校におけるブリーフセラピー』金剛出版、一九九八
宮田敬一（編）『産業臨床におけるブリーフセラピー』金剛出版、二〇〇一
森俊夫（著）「未来の想起」『現代思想』第二五巻一二号、九六〜一〇一頁、青土社、一九九七
森俊夫（著）「学校教育相談に役立つコンサルテーションの話」『月刊学校教育相談』連載、ほんの森出版、全一二回、一九九九年四月号〜二〇〇〇年三月号
森俊夫（著）『先生のためのやさしいブリーフセラピー』ほんの森出版、二〇〇〇
森俊夫（著）『〝問題行動の意味〟にこだわるより〝解決志向〟で行こう』ほんの森出版、二〇〇一
W・H・オハンロン（著）／森俊夫、菊池安希子（訳）『ミルトン・エリクソン入門』金剛出版、一九九五

おわりに

実は、私（森）、この本が出てしまって、少しばかり（いや、少しばかりではない！）青ざめているのです。この本は、本当によくできていて、私たちの研修をほとんどそのままここで再現してくれちゃっているのです。だから、こんな本が出てしまったら、これから私たちの研修に来てくださる方の数が激減しちゃう！　だって、わざわざ研修に出なくたって、この本を読めばそれで済むんだもん……あーあ、もうちょっと出し惜しみしておけばよかった……。

あるいは、これからの研修は、その内容を総取っ替えしなくちゃいけなくなる！　同じネタ使ったら、「またあのネタやっとる」と思われるに決まってる……でもなぁ……そんなにネタあるわけでもないしなぁ……どうしようかなぁ……もう、初級研修はやめちゃおうかなぁ。「この本読んでください」で終わり。あ、それいい。そうしよ、そうしよ（と、すっかり投げやりになって、突っ伏す森。そして酒をグビリ）。

……………………

あ～らら、森先生がわけのわからない落ち込み（妄想？）を始め、そして酒に走りましたねぇ。これだからねぇ。そう、森先生は、実はとっても「問題志向」なんです。

ねえ、こう考えてみましょ？　ほんの森出版のおかげで、本当にいい本に仕上がりました。私たちの研修をとてもよく再現してくださっています。そしてとても楽しく読める。でもね、森さんの命は「舞台」でしょ？（ご存知の方もいらっしゃると思いますが、森先生は東大の学生演劇出身なんです）。「舞台」は「一回性」の芸術、同じものの再生じゃないって、森さんはいつも言ってるよね。

この本は確かにいい本よ。でも本は本。ライブとは違う。

これを読めばますます皆さんが、「実際はどうなんだろう？」、「実物の二人は、どんな美男美女なんだろう？」（アレッ？）、「もっと詳しく話してくれるんだろう」、「これでもまだきっと抑え目に書いてあるんだろうな。実際はもっと刺激的なんだろうな」、「もっとたくさんボケとツッコミが炸裂してるんじゃないか」、「どんどん質問したいな」とか考えてくださるに決まってるじゃない。

大丈夫よ！　お客さん、逆に増えるわよ！

……（森、ムクムクと）フッカーッ!!　そうだよね、そうだよね！　実際、何人もの方が、何度も同じ研修に参加してくださってるもんね♥　いやぁ、本当にそうだ。

（ホント、単純なヤツ……よく言えば、「憎めない」だけど……）

え？　何か言った？

いえいえ、何にも。

それに今日は、ＫＩＤＳから見える富士山（初富士）が、本当に素晴らしいからねぇ！

オイ！　それ、ロッケル！（「ロッケル」の意味を知りたい方は、ＫＩＤＳの「精神医

学入門」を受講してくださいネ♥）

いやぁ、ロッケル、ロッケル。ということで、おやすみぃ！（グー、ゴー、スー、ピー）

ハヤッ！　正月から酒ばかり飲んで、困りますねぇ。

……申しわけございません。森が寝てしまいましたので、あとは黒沢がきれいにまとめさせていただきます。

本書編集の労をお取りくださった、ほんの森出版の小林敏史さんに深く感謝します。本当にありがとうございました。そして本当にお疲れさまでした。

小林さんは、自ら私たちの研修会に参加されてのテープ録り、ノート取りから始められ、膨大な量のテープを整理し、そして編集作業と、それは気の遠くなるような工程（行程）をコツコツと積み上げてこられました。

小林さんはこうおっしゃいました。この大変な作業を支え続けたものは、読者の皆さまの「この本を早く手に入れたい」、「こういう本が欲しい」という絶え間ない声だったと。そして、この本の編集作業は、本当に楽しかったし、とても勉強になった。他の仕事がなかったら、こればかりをしていたかったと（これだから、小林さんったら！　そう、小林さんは、本当にコンプリ上手なのです。きっと臨床やっても食べていけますよ！）。

そして、小林さんのご努力を、陰から日向から支え続けられたほんの森出版の佐藤敏編集長の存在！　本当にありがとうございました。

そして何よりも、私たちの研修をずっと支えてくださったたくさんの参加者の皆さま、本当にありがとうございました。皆さまの熱意やご厚意がなければ、平成一〇年に始まったKIDSの研修も、ここまで続けられませんでした。研修の中で一番教わってきたのは、実は私たち自身だったのです。参加者の先生方からうかがう実践報告は、そのどれもが私たちに様々な新しいヒントや勇気を与えてくださいます。これがあるから、やめられないのです。そして、すべてのクライエントの方々こそが、解決志向の先生でした。感謝にたえません。最後に忘れてはならないのが、インスーとディ・シェイザーです。私たちに多くの恩恵をくださっています。

読者の皆さまに、この本が少しでもお役に立てたなら本望です。大切なのは、一人でも多くのいい実践家が生まれ育つこと、一人でも多くの方の素敵な未来がつくられていくことです。この本を読んでいただいて、今、また旅が始まるのです。読み終えて、ゴールテープを切ったわけではありません。この本を読み終えて、また読者の皆さまが日常に戻られたとき、その景色が今まで以上に素敵に見えたとしたら、とても嬉しいと思います。少しだけ今までよりも、「自分って捨てたもんじゃないな」、「これでよかったんだ」、あるいは「こうしてみるのもいいかもしれない」って、元気が出てきたら本当に嬉しいです。読者の皆さま（と、小林さん）に、「愛」と「感謝」と「祈り」を込めて……チュッ♥……。

ん？　なんかした？
アンタじゃない！
……ムニュッ……

（……ええっと、何だっけ？　あ、そうそう）私たちは現場の実践家である皆さまの感覚を信じています。何が役に立つのか、何が必要なのかは、セオリーやマニュアルの中にあるのではなく、皆さまの実践感覚の中にあるのです。その感覚を研ぎ澄まされて、今年も、そしてこれからもずっと、よい年でありますように……。

黒沢　幸子
森　　俊夫（スヤスヤ）

平成一四年元旦

＜著者略歴＞（2025年４月現在）

森　俊夫（もり としお）

1988年　東京大学大学院医学系研究科保健学専攻
　　　　第Ⅰ種博士課程修了（保健学博士）
同年より東京大学大学院医学系研究科助教（精神保健学教室）　臨床心理士
　ＫＩＤＳカウンセリング・システム スーパーバイザー
　日本ブリーフサイコセラピー学会賞（第３号）
2015年　逝去

[主な著書]

『ブリーフセラピー入門』（宮田敬一編、分担執筆）金剛出版、1994年
『ミルトン・エリクソン入門』（共訳）金剛出版、1995年
『先生のための やさしいブリーフセラピー』ほんの森出版、2000年
『〝問題行動の意味″にこだわるより〝解決志向″で行こう』ほんの森出版、2001年
『ミルトン・エリクソン 子どもと家族を語る』（訳）金剛出版、2001年
『やさしい精神医学① LD・広汎性発達障害・ADHD編』ほんの森出版、2006年
『やさしい精神医学② 薬物依存・統合失調症・うつ病・不安障害編』ほんの森出版、2010年
『ブリーフセラピーの極意』ほんの森出版、2015年

黒沢　幸子（くろさわ さちこ）

1983年　上智大学大学院文学研究科教育学専攻心理学コース
　　　　博士前期課程修了（文学修士）
現在、目白大学心理学部心理カウンセリング学科、同大学院心理学研究科臨床心理学専攻特任教授、上智大学、駒澤大学大学院、岐阜大学大学院等非常勤講師、東京学芸大学特命教授、臨床心理士、公認心理師
　ＫＩＤＳカウンセリング・システム チーフ
　日本ブリーフサイコセラピー学会賞（第13号）

[主な著書]

『指導援助に役立つスクールカウンセリング・ワークブック』金子書房、2002年
『CD-ROM付き！ ワークシートでブリーフセラピー』（編著）ほんの森出版、2012年
『やさしい思春期臨床―子と親を活かすレッスン』金剛出版、2015年
『解決志向のクラスづくり 完全マニュアル』（共著）ほんの森出版、2017年
『保護者とのよい関係を積極的につくるカウンセリング』（共編著）ぎょうせい、2022年
『未来・解決志向ブリーフセラピーへの招待』日本評論社、2022年
『思春期のブリーフセラピー―こころとからだの心理臨床』（共編）日本評論社、2022年
『教育相談ですぐ使える！ 解決志向ワークシート』（共著）ほんの森出版、2025年

[森・黒沢共著]

『心理療法の本質を語る―ミルトン・エリクソンにはなれないけれど』遠見書房、2015年
『効果的な心理面接のために―サイコセラピーをめぐる対話集』遠見書房、2017年
『セラピストになるには―何も教えないことが教えていること』遠見書房、2018年

KIDS カウンセリング・システム
（Kichijoji Institute of Development Services）
【研修案内】https://www.kids-cs.com
【e-mail】kids.counseling.system@gmail.com

<森・黒沢のワークショップで学ぶ>解決志向ブリーフセラピー

2002年4月15日　初　版　発行
2025年5月20日　第15版　発行

著　者　森　　俊夫
　　　　黒沢　幸子
発行人　小林　敏史
発行所　ほんの森出版株式会社
〒145-0062　東京都大田区北千束3-16-11
TEL03-5754-3346　FAX 03-5918-8146
https://www.honnomori.co.jp

印刷・製本所　電算印刷株式会社

ISBN978-4-938874-27-8 C3011